LEKSIKOLOGIYA

Utanova Vaziraxon

(o'quv qo'llanma)

© Utanova Vaziraxon

LEKSIKOLOGIYA

by: Utanova Vaziraxon

Edition: May '2024

Publisher:

Taemeer Publications LLC (Michigan, USA / Hyderabad, India)

© **Utanova Vaziraxon**

Book	:	**LEKSIKOLOGIYA**
Author	:	Utanova Vaziraxon
Publisher	:	Taemeer Publications
Year	:	'2024
Pages	:	132
Title Design	:	*Taemeer Web Design*

1-mavzu: Leksikologiya haqida umumiy ma'lumot

REJA:

1. Leksikologiyaning obyekti, predmeti, maqsadi va vazifalari.

2. Leksikologiyada lug'at boyligining sistema sifatida o'rganilishi.

3. Leksikologiyaning boshqa fanlar bilan aloqasi.

Tayanch iboralar: strukturaviy, sistemaviy, fonetik sath, grammatik sath, ekstralingvistik.

Leksikologiya so'zi grekcha lexicos – "lug'aviy belgi" va logos – "bilim" so'zlaridan olingan bo'lib, tilshunoslikning so'z va so'zga teng lug'aviy birliklar, til boyligi haqida bahs yurituvchi sohasidir.

Obyekti - tilning lug'at boyligi va uning asosiy birligi bo'lgan so'z.

Predmeti: a) so'z va leksema munosabatlari, leksemaning lug'aviy birlik sifatidagi belgi-xususiyatlari, lisoniy va nolisoniy omillarga munosabati muammolari bilan shug'ullanish;

b) lug'at boyligining strukturaviy va sistemaviy xususiyatlarini, taraqqiyot qonuniyatlarini, tilning boshqa sathlari (fonetik sath, grammatik sath) bilan aloqalarini, shuningdek til leksikasidagi jarayonlarda lisoniy va nolisoniy omillar ishtirokini tadqiq qilish.

Maqsadi - talabalarda leksikologiya bo'yicha mustahkam bilim darajasini, shuningdek, leksik-semantik tahlil ko'nikmalarini shakllantirish.

Vazifalari: a) so'z va leksema munosabatlarini, leksemaning asosiy lug'aviy birlik sifatidagi belgi-xususiyatlarini, ma'no va tushuncha o'rtasidagi umumiy va farqli jihatlarni, leksik ma'no tiplarini aniqlash;

b) turli leksik-semantik guruhlardan har birida

shu guruh a'zolari o'rtasida shakllangan sistemaviy munosabatlar turini belgilash, shu masalalarga oid fikrlar, qarashlar bilan yaqindan tanishib chiqish;

c) muayyan tilning lug'at boyligidagi eskirish va yangilanish jarayonlari, bu jarayonlarda lisoniy va nolisoniy (lingvistik va ekstralingvistik) omillarning ishtirokini o'rganish;

d) lug'aviy birliklarning funksional-semantik tavsifini berish, ularning lisoniy birlik va uslubiy vositalar sifatidagi xususiyatlarini yoritish;

e) lug'at boyligidagi eskirgan, yangi va zamonaviy qatlamlarni, tematik guruhlar va mikrosistemalarni aniqlash.

Leksikologiyaning o'rganish manbai so'z bo'lsa, o'rganish predmeti uning quyidagi jihatlari:

a) lisonning asosiy lug'aviy birligi sifatidagi leksema muammosi, leksik birlik tiplari;

b) til lug'at tarkibi strukturasi;

d) lug'aviy birliklarning qo'llanilishi;

e) lug'at tarkibining boyishi va taraqqiyoti;

f) leksik birliklarning tildan tashqaridagi borliq bilan oʻzaro munosabati. [1.B.83]

Soʻz umumlingvistik muammo, shu boisdan u umumiy soʻz nazariyasi doirasida ham oʻrganiladi. Leksik birlik doirasiga nafaqat alohida soʻz (tugal shakllangan birliklar), balki soʻzga teng barqaror birlik, murakkab, tarkibli soʻz ham kiritiladi. Lekin soʻz asosiy lugʻaviy birlik sanaladi.

Shakl va mazmun birligidan iborat soʻz til birligi sifatida uch yoʻnalishda oʻrganiladi:

a) struktur jihatdan (soʻzning qurilish xususiyatlari);

b) semantik jihatdan (soʻzning lugʻaviy maʼnosi);

d) funksional jihatdan (soʻzning lison va nutq strukturasida tutgan oʻrni). [2. B.77-78]

Struktur yondashuvda soʻz leksikologik nazariyasining asosiy vazifasi uning alohidaligi va oʻziga xosligi mezonini tiklashdir. Birinchi holatda soʻz soʻz birikmasi bilan qiyoslanib, uning tugal shakllanganlik va alohidalik belgilari ochiladi. Soʻzning nutqdagi analitik shaklining lisoniy asosi yoritiladi. Ikkinchi holatda soʻzning turli grammatik shaklidan hosil qilingan lisoniy invariantini tiklash xususida soʻz boradi. Shu munosabat bilan grammatik shakl olgan leksema so'zshakl tushunchasi - muayyanlashtiriladi. Shuningdek, leksemaning turli nutqiy fonetik, morfologik, leksik-semantik variantlari o'rganiladi.

Lug'aviy birlikning semantik tahlilida, ular (lug'aviy birliklar) leksik semantika - semasiologiya tadqiq manbaiga aylanadi. Bunda so'zning tushuncha (signifikat) va borliqdagi atalmish (denotat)ga munosabati o'rganiladi. Semasiologiyada so'zning semantik xususiyati - bir ma'nolilik va ko'p ma'nolilik, umumiy va xususiy, mavhum va muayyan, bosh va hosila, to'g'ri va ko'chma ma'nolari tekshiriladi. Bunda asosiy e'tibor so'zning semantik strukturasiga, so'z ma'nolari tipi va ularni ajratish mezoniga, so'z ma'nolarining o'zgarishi va taraqqiyoti, so'zning ma'nosini yo'qotishi va grammatik formantga aylanishi desemantizatsiya hodisasiga qaratiladi.

Funksional yondashuvda so'zning nutqda voqelanish jarayonidagi roli, shuningdek, boshqa lisoniy sath birliklari voqelanishiga, ular umumiy ma'nolarining parchalanishiga qo'shgan "hissasi" tekshiriladi. Masalan, (odamcha) so'zida [odam] leksemasi (-cha) morfemasining "kichraytirish-kamsitish" ma'nosini (qizcha) so'zidagi "kichraytirish-erkalash" ma'nosidan farqlagan, morfologik sath birligi bo'lgan [-cha] morfemasining "kichraytirish" umumiy ma'nosini parchalab, uning birini ikkinchisidan ajratgan.

Leksikologiya leksikaga til tizimidagi ichki sistema sifatida qaraydi. Shuningdek, o'zaro ma'noviy umumiylikka ega bo'lgan lug'aviy birlik yanada kichik, ichki tizimcha sifatida qaraladi. Shu asosda katta va kichik, ichki tizimlarning pog'onali, bir-birini tashkil etuvchilik munosabati ochiladi. Masalan, [olma], [o'rik], [nok] kabi ho'l meva nomi bir tizimni tashkil etadi. Sabzavot nomi boshqa bir tizimni tashkil qiladi. Ular yuqoriroqda yana birlashadi - kichik tizimchalardan tashkil topgan "meva-sabzavot nomi" tizimini tashkil qiladi va umumlashtirish yuqoriga qarab davom etaveradi.

Tilning lug'aviy tarkibi bir xil emas. So'zlar turli asosga ko'ra ko'plab turlarga ajratiladi. Masalan, qo'llanish darajasiga ko'ra umumiy iste'mol va chegaralangan (yoki xususiy) leksika, qo'llanish davriga ko'ra eskirgan so'z, zamonaviy so'z va neologizm, qo'llanish doirasiga ko'ra dialektizm, professionalizm, jargon kabi turlarga bo'linadi.

Leksikologiya til lug'at tarkibining boyishini o'rganganda uning 3 tipini ajratadi. Bulardan 2 tasi (yangi so'z yasash, so'zni yangi ma'noda qo'llash) ichki boyish imkoniyati bo'lsa, bittasi tashqi (so'z o'zlashtirish) imkoniyatdir.

Leksikologiya tilshunoslikning semasiologiya, onomasiologiya, etimologiya va frazeologiya kabi bo'limlari bilan hamkorlikda ish ko'radi, bunday hamkorliksiz tilning lug'at boyligidagi leksik-semantik xodisalarni, lug'at tarkibi taraqqiyotiga oid til faktlari to'g'ri yoritib bo'lmaydi: semasiologiyada lug'aviy birliklarning mazmun plan – semantik tarkibi va shu bilan bog'liq masalalar tadqiq qilinadi; onomasiologiyada narsa-hodisalarni yoki tushunchalarni nomlash prinsiplari o'rganiladi; etimologiyada so'zlarning kelib chiqishi aniqlanadi; frazeologiyada tilning lug'at boyligidagi ko'chma ma'noli turg'un birlikmalar – frazemalar xususida bahs yuritiladi. Tilning leksik, fonetik va grammatik sathlari ham o'zaro bog'liqdir: fonetik birliklar so'zni bog'liq tusiga kiritadi, morfemalar yasama so'zlarni shakllantiradi, so'zlarning birikuvchanlik imkoniyatlari, uslubiy vosita sifatidagi xususiyatlari ularning leksik va grammatik ma'nolariga hamda uslubiy semalariga tayanadi. Bular leksikologiyaning fonetika, morfemika, so'z yasalishi, grammatika va uslubshunoslik (stilistika) bilan aloqada bo'lishini taqozo qiladi.

Savol va topshiriqlar

1. Leksikologiya nimani o'rganadi?

2. Leksika nima?

3. Leksikologiyaning maqsad va vazifalari haqida ma'lumot bering.

4. Shakl va mazmun birligidan iborat so'z til birligi sifatida qaysi yo'nalishlarda o'rganiladi?

5. Leksikologiyaning predemti nimalardan iborat?

6. Leksikologiya so'zining ma'nosi nima?

7. Leksikologiyaga funksional yondashuvda nimalarga e'tibor berish kerak?

8. Leksikologiya til lug'at tarkibining boyishini o'rganganda uning uchta tipini ajratadi, ularni haqida ma'lumot bering.

9. Leksikologiya tilshunoslikning qaysi bo'limlari bilan aloqada bo'ladi?

Tayanch tushunchalar

Leksikologiyaning obyekti – tilning lug'at boyligi, leksik tizimi.

Lug'aviy birliklar – so'z va iboralar (leksema va frazemalar).

Lisoniy omillar (lingvistik faktorlar) – tilning strukturaviy va sistemaviy xususiyatlaridan kelib chiqadigan omillar.

Nolisoniy omillar (ekstralingvistik faktorlar) – til taraqqiyotiga (shu jumladan, leksik tizim rivojiga) tashqaridan ta'sir o'tkazuvchi omillar: ijtimoiy-siyosiy tizim, psixologiya, urf-odatlar, ilmiytexnikaviy taraqqiyot, adabiyot-san'at va boshqalar.

2-mavzu: Leksikologiyaning turlari: umumiy, xususiy, qiyosiy, nazariy va amaliy leksikologiya

REJA:

1. Umumiy va xususiy leksikologiya

2. Qiyosiy leksikologiya, nazariy hamda amaliy leksikologiya

3. Diaxron va sinxron leksikologiya

Tayanch iboralar: qiyosiy, nazariy, amaliy, umumiy, xususiy, diaxron, sinxron.

Leksikologiya barcha tillarning lug'at boyligi taraqqiyotiga xos umumnazariy masalalar bilan birga, ayrim olingan bir tilning lug'at boyligi masalalari bilan ham shug'ullanadi. Shunga ko'ra uning umumiy leksikologiya, xususiy leksikologiya, qiyosiy leksikologiya, nazariy leksikologiya va amaliy leksikologiya kabi turlari oʻzaro farqlanadi:

1. Umumiy leksikologiya. Leksikologiyaning bu turida barcha tillarning lugʻat boyliklariga xos umumiy jihatlar koʻriladi.

Xususan: a) barcha tillarning lugʻat boyligidagi asosiy birlik leksemadir;

b) barcha tillarning lugʻat boyliklarida struktura va sistema munosabatlari bor;

d) barcha tillarning lugʻat boyliklari rivojida lisoniy va nolisoniy omillar ishtirok etadi;

e) barcha tillarning lugʻat boyliklari taraqqiyotida til va jamiyat, til va ong, til va tafakkur munosabatlarining taʻsiri bor;

f) barcha tillarning lugʻat boyliklarida tadrijiy ravishda eskirish va yangilanish jarayonlari boʻlib turadi, bu hol shu tillarda eskirgan, yangi va zamonaviy leksik qatlamlarning shakllanishiga olib keladi;

g) barcha tillarda lugʻaviybirliklarning qoʻllanish doirasi ham har xildir: qoʻllanishi hududga koʻra chegaralangan leksika (dialektizmlar), qo'llanishi kasb-hunarga ko'ra chegaralangan leksika(terminlar), ijtimoiy dialektlatlar (argo va jargonlar), neytral (betaraf ma'noli) leksika kabi qatlamlanishlar barcha tillarda uchraydi;

h)barcha tillarda lug'aviybirliklar ma'lum tematik va leksiksemantik guruhlarga uyushadi,bunday guruhlar o'z navbatida sistema va tagsistema yoki makrosistema va mikrosistema munosabatlarida bo'ladi.

2. Xususiy leksikologiyada muayyan bir tilning lug'at boyligi o'rganiladi: o'zbek tili leksikologiyasi, rus tili leksikologiyasi, ingliz tili leksikologiyasi kabi. Xususiy leksikologiya muayyan bir tilning lug'at boyligini tadqiq qilishda umumiy leksikologiyadagi nazariyalarga, tajribalar tahlilidan kelib chiqqan xulosalarga tayanadi: ularni har bir tilning o'z materialiga tatbiq etadi, har bir til materialidagi holatdan kelib chiqib voqelikni baholaydi. Xususiy leksikologiya ham o'z navbatida ikki turga- *tavsifiy (sinxron)* va *tarixiy(diaxron)* leksikologiyalarga bo'linadi:

a)tavsifiy leksikologiyada ayrim olingan bir tilning, masalan, o'zbek tilining leksikasi statik holatda - shu til leksikasining avvalgi (o'tmishdagi) taraqqiyot dinamikasiga bog'lanmay o'rganiladi, shunga ko'ra u sinxron leksikologiya sanaladi;

b) tarixiy leksikologiyada ayrim olingan bir tilning leksikasi dinamik holatda- tarixiy taraqqiyot jarayoni bilan bog'lab o'rganiladi, shunga ko'ra u diaxron leksikologiya hisoblanadi.

Hozirgi o'zbek tili leksikologiyasi, asosan, tavsifiy (sinxron) leksikologiyadir, ammo unda tarixiy (diaxron) leksikologiyaga murojaat etish hollar ham bo'lib turadi: o'zbek tili lug'at boyligining tarixiy va zamonaviy qatlamlarini, leksemalarning hozirgi va eskirgan ma'nolarini qiyoslash, tavsiflash kerak bo'lganda shunday qilinadi.Masalan: eski turkiy va eski o'zbek tillarida **chechak** leksemasining — "gul" ma'nosi, **g'am** leksemasining esa — "sevgi", "muhabbat" ma'nosi bo'lgan, hozirgi o'zbek adabiy tilida esa ularning bu ma'nolari semantik arxaizmga aylangan (**chechak** lelsemasi hozirgi o'zbek tilida kasallikning bir turini, **g'am** leksemasi esa tashvishni anglatadi). Leksemalarning semantik tarkibida yuz bergan bunday jarayonlar dinamikasini aniqlash uchun tarixiy leksikologiyaga murojaat etmay iloji yo'q.

3. **Qiyosiy leksikologiya** – leksikologiyaning qardosh yoki noqardosh tillar leksikasini qiyosiy aspektda tadqiq etuvchi turi.

4. **Nazariy leksikologiyada** asosan leksikaning lison va nutq bilan bog'liq jihatlari, shuningdek,

tilning lug'at boyligidagi struktura va sistema munosabatlari, leksik sathning tizim sifatidagi taraqqiyotini belgilaydigan qonuniyatlar tadqiq qilinadi.

5. Amaliy leksikologiya - leksikologiyaning lug'atchilik, leksik stilistika, nutq madaniyatining leksikaga aloqador tomonlari bilan shug'ullanadigan amaliy turi.[3. B.138]

Savol va topshiriqlar

1. Leksikologiyaning nechta turi bor?

2. Qiyosiy leksikologiyaga ta'rif bering.

3. Leksikologiyaning qaysi turi lug'atchilik, leksik stilistika, nutq madaniyatining leksikaga aloqador tomonlari bilan shug'ullanadi?

4. Leksikaning lison va nutq bilan bog'liq jihatlari leksikologiyaning qaysi turida o'rganiladi?

5. Xususiy leksikologiya nechta turga bo'linadi? Ularni ta'riflang.

6. Umumiy leksikologiyaning barcha tillarning lug'at boyliklariga xos umumiy jihatlarini sanab bering.

Tayanch tushunchalar

Umumiy leksikologiya – tilshunoslikning turli tillar materiali tahlili asosida leksikologiyaning umumnazariy masalalari bilan shuIullanuvchi b´limi.

Xususiy leksikologiya – leksikologiyaning muayyan bir til lug'at boyligi haqida ma'lumot beruvchi turi.

Tavsifiy leksikologiya – ayrim olingan bir tilning lug'at boyligini shu til leksikasining avvalgi taraqqiyoti bilan bog'lamay o'rganadigan leksikologiya.

Tarixiy leksikologiya – ayrim olingan bir tilning lug'at boyligini tarixiy taraqqiyot jarayoni bilan bog'lab o'rganadigan leksikologiya.

3-mavzu: Leksema va uning til qurilishidagi maqomi

REJA:

1. Leksema tushunchasi.

2. Leksemaning paradigmatik va sintagmatik munosabatlari

3. Leksemaning ierarxik munosabatlari

4. Leksema ikki jihatli birlik

Tayanch iboralar: paradigma, sintagmatik, nominativ birlik, leksema, nomema, agglyutinativ, flektiv.

So'zning leksik birlik sifatidagi mohiyati. So'z tilning eng kichik nominativ birligidir, chunki u borliqdagi narsa - buyumlarni, predmet sifatida tasavvur qilinadigan mavhum tushunchalarni, harakatlarni, rang-tus, maza-ta'm, hajm-miqdor, xislat kabi belgi-xususiyatlarni nomlaydi: daraxt (predmet nomi), ong (mavhum tushuncha nomi), ishlamoq (harakat nomi), oq (rang-tus nomi), shirin (maza-ta'm nomi), katta (hajm nomi), besh (miqdor nomi) kabi.

Tilning lug'at boyligidagi bunday so'zlar leksik birliklar sanaladi. Ularni grammatik mazmunli so'zlardan farqlash kerak. Tilshunoslikda leksik mazmunli so'zlarning strukturasi har xil ta'riflanmoqda: ayrim manbalarda leksik mazmunli so'zlarning ifoda tomoni (ifodalovchisi) leksema deb, mazmun tomoni (ifodalanuvchisi) esa semema deb atalmoqda.

Demak, leksema va semema leksik birlikning (so'zning) o'zaro aloqada bo'lgan ikki tomoni ekanligi aytiladi Boshqa manbalarda esa leksema so'zning ifoda tomonigina emas, balki uning ifoda va mazmun tomonlari birligidan iborat yaxlit butunlik ekanligi ta'kidlanadi. Bu butunlik nominativ funksiyadagi so'z yoki so'z birikmasi shaklida bo'ladi. U onomasiologiyada tilning lug'at tarkibidagi bir component (vokabula) sifatida, semasiologiyada esa ma'lum ma'nolar tarkibidan iborat birlik (semantema) sifatida o'rganiladi.

O'zbek tilshunosligida leksik mazmunli so'zning leksema deb atalishi (demak, leksemaning ifodalovchi va ifodalanuvchi tomonlar birligidan iborat bir butun leksik birlik sifatida qaralishi) keng tarqalgan? Bunda uning ifoda tomoni (ifodalovchisi) nomema termini bilan, mazmun tomoni (ifodalanuvchisi) esa semema termini bilan nomlanmoqda. Shunday qilib,

leksemalarning leksik birlik sifatidagi tavsifida quyidagi belgi-xususiyatlarning alohida o'rnidir:
1. Har qanday leksema ikki tomonning – ifoda (tashqi) va mazmun (ichki) tomonlarning, demak, nomema va sememaning birligidan tarkib topadi.

a) leksemaning ifoda tomoni (nomemasi)

b) leksemaning mazmun tomoni Uning fonetik qobig'i (fonemalar, bo'g'inlar, va so'z urg'sidan tarkib topgan moddiy-material shakli) dir. Masalan, quloq leksemasining ifoda tomonida 5 ta fonema (q,u,l,o,q), 2 ta bo'g'in (qu-loq) va 1 ta so'z urg'si (qulóq) bor. Yasama so'zlarda o'zak morfema va so'z yasovchi moefemalar leksemaning ifoda tomoni sanaladi: ish-chi > ishchi, bosh-la (moq) > boshla(moq) kabi.

Fonemalar esa o'zak va affikslarning ifoda tomonini Uning ma'nosi (yoki ma'nolari) va baho semalari nazarda tutiladi. Masalan, quloq leksemasining mazmun tomonida quyidagi leksik ma'nolar bor: "eshitish a'zosi" (odamning qulog'i), "dutor, tanbur torlarini sozlash uchun o'rnatilgan murvatlar" (dutorning qulog'i), "qozonning yon tomonlaridan chiqarilgan tutqich-dastalar" (qozonning qulog'i) kabi. Chehra leksemasining mazmun tomonida esa Leksemaning mazmun tomonidagi leksik ma'no (yoki ma'nolar) va baho semalari uning ichki formasi sanaladi.

Leksema va soʻz. Nazariy yondashuvda leksik sath birligi tilshunoslikda *leksema* atamasi bilan nomlanadi. Leksema tilshunoslikning eng muhim va markaziy tushunchasidan biri bolsa ham, uning mazmun va chegarasi hozirgacha aniq belgilangan, deb boʻlmaydi.

Tilshunoslikda leksema va uning lisoniy tizimda tutgan oʻrni masalasidagi murakkab va chigal muammodan biri - leksemaning til struktur birligi boʻla olish -olmasligi. Koʻplab tilshunoslar tilning struktur birliklarini sanar ekan, fonema, morfema va konstruksiya bilan cheklanib, leksemani tilning alohida qurilish birligi emas, balki morfemaning bir koʻrinishi sifatida qaraydi.

Leksemani morfema orqali ta'riflash, oʻz-oʻzidan, lisoniy qurilishda uning alohida, mustaqil oʻrni yoʻqligiga ishora qiladi. Holbuki, leksema koʻp hollarda, jumladan, V.V.Vinogradov ta'kidlanganidek, leksika va grammatikaning asosiy birligi sifatida qaraladi. Agar leksemaga shunday yondashilsa, tilning asosiy yarusi — leksik sath ham oʻz mustaqilligidan mahrum boʻlib, morfemik sathning tarkibiy qismi mavqeida boʻla oladi, xolos. Bu kabi holatlar tilshunoslar oldiga leksemaning til tizimida tutgan oʻrnini.belgilash va asoslash vazifasini qoʻymoqda. [1.2 B.79-80]

Yevropa tilshunosligida leksemaga morfema

orqali ta'rif berilib, u «kornevaya morfema» (o'zak morfema) sifatida qaraladi. O'zbek tilshunosligida ham leksema morfemaning bir ko'rinishi sifatida e'tirof etiladi. Biroq turli qurilishli tillarda leksema va morfema munosabatida farqli holatlar mavjud. Ma'lumki, agglyutinativ va flektiv tillardagi o'zakning keskin farqlanishi tilshunoslikka kirish kursiga doir barcha darslik va qo'llanmalarda mufassal sharhlangan. Ularda ta'kidlanishicha, agglyutinativ (masalan, rus, arab) tillardagi o'zak har doim so'z yasovchi yoki grammatik shakldan xoli tasavvur qilinmaydi va ma'no anglatmaydi.

Shuning uchun mazkur tillarga o'zakni morfemalarning bir turi sifatida qarash va shu asosda faqat o'zakdan iborat, tarixiy yasamaligini yo'qotgan o'zak leksemalarni mustaqil qo'llanishga ega bo'lmagan morfemaning bir ko'rinishi sifatida baholash xos va shu xususiyat bilan flektiv til agglyutinativ tildan farqlanib turadi.

Leksema lisoniy birlik bo'lsa, so'z uning nutqiy voqelanishi, nutqiy birlik. Shuning uchun leksema barcha lisoniy birliklarga xos bo'lgan tayyorlik, umumiylik, majburiylik kabi xossalarga, so'z esa nutqiy birliklarning tayyor emaslik, individuallik, ixtiyoriylik belgilariga ega.

Leksemaning ongda paradigmatik va sintagmatik munosabat asosida yashashi. Leksema til jamiyati a'zolari ongida boshqa leksema bilan oʻxshashlik qatori (paradigmalar) hosil qilgan holda mavjud boʻladi. Masalan, *oʻgʻil* leksemasi bir tomondan *ota, ona* leksemalari bilan, ikkinchi tomondan *qiz* leksemasi bilan paradigma hosil qilib yashaydi.

Paradigmadagi bir a'zoning mohiyati unga paradigmadosh boshqa a'zoning mohiyatiga qiyosan olinadi, unga munosabatda boʻladi. Masalan, *aka* leksemasi *uka, singil, opa* leksemalari bilan paradigma hosil qilar ekan, bunda ularning umumiy belgisi bu leksemalarni bir paradigmaga solsa, farqli belgilari mustaqilliklarini ta'minlaydi. Lisoniy birliklar orasidagi bunday bir-biriga ishora qilib, eslatib turuvchi belgilar, munosabatlar assotsiativ munosabat ham deyiladi. *aka* leksemasining mohiyati *uka* leksemasining mohiyatiga qiyosan belgilanadi. Qiyos esa eslatish, eslash, yonma-yon qoʻyish munosabatidir.

Leksemalar mohiyatida sintagmatik munosabat ham mujassam. Masalan, *daftar* leksemasi nutqda *yirtmoq, yozmoq* leksemalari bilan bir tomondan, morfologik shakl va soʻz yasovchi qoʻshimcha bilan ikkinchi tomondan birikuv hosil qiladi. Bu voqelanish leksemada imkoniyat sifatida mavjud.

Aytilgan birlik bilan yuz bergan aloqa leksema mohiyatida imkoniyat sifatida yashirin. So'zlovchi nutq jarayonida zarur bo'lgan birlikni o'xshash va farqli belgilari asosida paradigmadan tanlab, sintagmatik imkoniyati doirasida nutqda turli-tuman kombinatsiya hosil qiladi.

Savol va topshiriqlar

1. Nima uchun so'z nominativ birlik hisoblanadi?

2. Leksemalardagi paradigmatik va sintagmatik munosabatlarni izohlang.

3. Lisoniy munosabat deganda nimani tushunasiz?

4. Lisoniy munosabatning asosiy turlarini sanang?

5. Lisoniy ziddiyat va unung asosiy turlarini ayting?

6. Leksema va so'zning bir-biridan farqi nimada?

7. Leksemalardagi sintagmatik munosabatni misollar yordamida tushuntiring.

8. Leksika va grammatikaning asosiy birligi sifatida nimaga qaraladi?\

Tayanch tushunchalar

Paradigma – [yun. paradeigma – misol, namuna] - tlsh. – 1. Til birliklari, grammatik shakllarning umumiy ma'nosiga ko'ra birlashuvchi, xususiy ma'nosiga ko'ra farqlanuvchi tizimi. 2. Biror so'zning turlanish yoki tuslanish shakllari tizimi.

Sintagmatik – [yun. syntagma – tizim, saf; qo'shilgan biror narsa] - tlsh. Bir yoki bir necha so'zdan iborat sintaktik, intonatsion-mazmuniy nutq birligi.

Leksema – [yun. lexis – ibora, nutq o'rami] Tilshunoslikda: shakl va ma'no jihatidan bir butun holda tekshiriladigan mustaqil ma'noli so'z; til qurilishining leksik ma'no anglatuvchi birligi.

Agglyutinativ – so'z yasalishi va shakl yasalishi agglyutinatsiya yo'li bilan bo'ladigan tillar. Masalan, turkiy tillar, fin-ugor tillari.

Flektiv – fleksiya xususiyatiga ega bo'lgan; fleksiyaga oid. Flektiv tillar - Morfologiyada, ba'zan so'z yasalishida fleksiya hodisasi ustunlik qiladigan tillar.

4-mavzu: O'zbek tilida leksemaning va leksik ma'noning semantik tarkibi

REJA:

1. Leksemaning semantik tarkibi

2. Leksik ma'noning semantik tarkibi

3. Denotativ va konnotativ semalar

Tayanch iboralar: sema, signifikat, nominativ, erkin ma'no, denotativ, konnotativ.

Leksemaning semantik tarkibi leksik ma'no, qo'shimcha ottenkalar (ma'no qirralari, uslubiy semalar) va turkumlik semalarini o'z ichiga oladi.

Leksik ma'no leksemaning nimanidir nomlashi (atashi), anglatishi va ifodalashidir. U quyidagi uch hodisa o'rtasidagi bog'lanishdan tarkib topadi: a) fonetik so'z (leksemaning fonetik qobig'i, shakli); b) fonetik so'z tomonidan nomlangan predmet, hodisa, tushuncha (denotat, referent); d) fonetik so'z tomonidan ifodalangan ma'no (signifikat, u inson ongida denotat haqida shakllangan ma'nodir).

Leksik ma'no leksemaning mazmun planidagi yaxlit bir semantik butunlik bo'lsa-da, keyingi vaqtlarda bu butunlik tarkibida ma'lum ma'no qismlari – semalar borligi aniqlanmoqda. Masalan, daraxt leksemasining leksik ma'nosida quyidagi semalar borligini ko'ramiz: 1) «predmet», 2) «oʻsimlik», 3) «koʻp yillik oʻsimlik», 4) «yerda oʻsuvchi», 5) «yogʻochlashgan tanali», 6) «ildizli», 7) «shox-shabbali», 8) «bargli». Bu semalar birlashib, daraxt leksemasining leksik maʼnosini shakllantiradi. Leksik maʼnoning semasiologiyada semema deyilishi ham shundan. Semalar maʼno xususiyatiga koʻra quyidagi turlarga boʻlinadi: 1. Atash semalari (denotativ semalar). 2. Ifoda, tasvir, qoʻshimcha maʼno semalari (konnotativ semalar) 3. Vazifa semalari (funksional semalar)

Atash semalari (denotativ semalar) ot, sifat, son, feʼl turkumidagi barcha leksemalarning leksik maʼnolarida bor. Shuning uchun ular ideografik semalar deb ham ataladi.

Ifoda semalari semema tarkibidagi uslubiy maʼno qirralaridir. Ular leksemalarning atashdan, nomlashdan tashqari, shaxsiy munosabatlarni ifodalashiga yoxud shu leksemalarning qoʻllanishi doirasini belgilashga xizmat qiladi. Masalan, buyum va matoh leksemalari «tirikchilik-roʻzgʻorda qoʻllanadigan mol» maʼnosiga ega, ammo matoh soʻzida bu leksik maʼno salbiy boʻyoq bilan qoplangan: «Jon ota, matohlarini olib borib bering, agar meni qizim desangiz, olib borib bering...» (X.Saitov.). Baʼzan semantik tarkibida qoʻshimcha maʼno qirrasi boʻlmagan leksemalar oʻzi qoʻllangan kontekst yoki nutqiy muhit talabi bilan uslubiy semali leksemaga aylanadi. Bu hodisa leksemaning o'ziga xos bo'lmagan kontekstda qo'llanishi tufayli sodir bo'ladi. Masalan, burun va tumshuq so'zlarida har birining o'z konteksti bor: burun leksemasi asosan odamga nisbatan, tumshuq leksemasi esa hayvon va parrandalarga nisbatan qo'llanadi. Qiyos qiling: 1) Sharofatning yupqa lablari ko'karib pirpiradi, burni oqarib, kataklari kerildi. (A.Qahhor); 2) Laylakning bo'yi novcha, tumshug'i bor tarnovcha. Lapanglaydi uchganda, Uyasidan ko'chganda. (Uyg'un). Keltirilgan misollarning ikkalasida burun va tumshuq so'zlari o'z kontekstida qo'llangan, shu bois ulardan qo'shimcha ma'no qirralari, uslubiy baho ottenkalari ifodalanmagan.

Vazifa semalar ham semema tarkibiga kiradi, ammo ular atash, ifodalash bilan birga leksemalarning nutqda o'zaro birika olishini (valentligini distributsiyani), shu orqali gapda ma'lum vazifa bajarishini belgilaydi. Masalan, choy leksemasining leksik ma'nosi (sememasi) «qayta ishlangan» tarkibida «suyuqlik», «ichimlik», «quruq», «quritilgan», «choy o'simligi» sememalari bor. Bu semalar choy leksemasining o'stirmoq, ichmoq, qaynatmoq va damlamoq fe'llari bilan birika olishini ta'minlaydi: choy o'stirmoq, choy damlamoq, choy ichmoq, choy qaytanmoq kabi.[5]

Demak, fonetik so'z predmetni, denotatni ataydi (denotativ ma'no), fonetik so'z inson ongidagi signifikatni ifodalaydi (signifikativ ma'no). Ana shu uchta birlik o'rtasidagi bog'lanishdan yuzaga kelgan semantik birlik leksik ma'no sanaladi.

Leksik ma'noning yana bir muhim belgisi shuki, u leksemaning til sistemasidagi boshqa so'zlar bilan turli darajada aloqaga kirisha olish imkoniyatini (valentligini) ham belgilaydi.

Ma'lumki, tildagi barcha so'zlar muayyan bir ma'noga ega bo'ladi. Lekin ular obyektiv borliqdagi narsa-hodisa, belgi, harakat kabilarni bildirishi (tushuncha ifodalashi) va bunday xususiyatga ega bo'lmasligi mumkin. Xuddi mana shu nuqtai nazardan so'zlar ikki guruhga: 1) tushuncha ifodalaydigan so'zlar va 2) tushuncha ifodalamaydigan so'zlarga bo'linadi.

Tushuncha ifodalash – faqat mustaqil so'zlarga (olmosh bundan mustasno) xos xususiyatdir. Masalan, paxta, suv, kitob, oq, qizil, tekis, tez, sekin, o'ylamoq, yugurmoq, ushlamoq so'zlari ma'lum narsa, belgi, harakatni bildiradi, shu narsa, belgi, harakat haqidagi tushunchani ifodalaydi. Bu xususiyat shu so'zlarning ma'nosi hisoblanadi. [1.3. B. 100-102]

Mustaqil so'z turkumlaridan boshqa turkumlarga oid so'zlar, chunonchi, yordamchi so'zlar (bilan, uchun, va, hamda, agar, hatto, basharti kabilar), undovlar (eh, ehe, oh, voh, uf, ey, voy singarilar), taqlid so'zlar (taq, gup, ship, lip-lip, yilt-yilt, dup-dup, duk-duk va boshqalar), modal sozlar (albatta, darvoqe, ehtimol, shubhasiz, darhaqiqat kabilar) tushuncha ifodalamaydi. Chunki bu so'zlar obyektiv borliqdagi narsa, belgi, harakat kabilarni atamaydi. Shu bois ularda tushuncha ifodalash xususiyati yoq.

Demak, aytilganlardan anglashiladiki, faqat tushuncha ifodalaydigan so'zlargina leksik ma'noga ega bo'ladi. Tildagi so'zlarning asosiy qismini ana shu tipdagi so'zlar tashkil etadi.

Leksik ma'no va uning turlari. So'zning obyektiv borliqdagi narsa, belgi, harakat va shu kabilar haqida ma'lumot beruvchi mazmuni leksik ma'no deyiladi. Masalan, olma, o'rik, tosh, kitob, daftar, qo'l, ruchka, qalam so'zlari predmet-narsalarning ma'lum bir turini; sho'r, achchiq, nordon, katta, kichik, chuqur sozlari ma'lum bir belgini; urmoq, chopmoq, ushlamoq, ishlamoq, o'ynamoq, sakramoq so'zlari ma'lum bir harakatni; uch, besh, o'n, yigirma, ellik, yuz, ming so'zlari ma'lum miqdorni bildiradi, shular haqida ma'lumot beradi. Bular mazkur so'zlarning leksik ma'nosi hisoblanadi.

Leksik ma'noli so'zlar narsa, belgi, harakat kabilarning aynan o'zini emas, balki ular haqidagi tushunchani ifodalaydi. Tushuncha esa bu obyektiv borliqdagi narsa-hodisa, belgi, harakatning kishi ongidagi umumiy in'ikosidir. Tushuncha bir turdagi narsa-hodisalarga xos bo'lgan belgilarni umumlashtiradi. Masalan, daraxt, tog', tosh haqidagi tushuncha barcha tog', tosh va daraxtlarga xos umumiy belgilarni birlashtiradi. Darhaqiqat, borliqda daraxtning turi juda ko'p, uning miqdori behisob. Daraxt so'zi shulardan aniq bittasini atamaydi, balki shu predmet haqidagi umumiy tushunchani ifodalaydi.

Leksik ma'no va tushuncha o'zaro uzviy bog'liqdir. Har ikkisi so'zning semantik tarkibidagi asosiy hodisalar sanaladi. Ammo leksik ma'no va tushuncha teng hodisalar emas. Leksik ma'no tilga oid hodisa, tushuncha esa tafakkurga xos hodisadir.

Leksik ma'noning bir qancha turlari bor. Bular lingvistik adabiyotlarda bosh ma'no va yasama (yoki hosila) ma'no, to'g'ri ma'no va ko'chma ma'no, nominativ (nomlovchi) ma'no va majoziy ma'no, erkin ma'no va bog'li ma'no, asos ma'no va yasama ma'no, genetik ma'no va hosila ma'no, o'zak ma'no va yasama ma'no, asos ma'no va tobe ma'no, etimologik ma'no singari tiplarga ajratilib talqin etiladi. Bu leksik ma'noga turlicha, har xil nuqtai nazardan yondashilganligini ko'rsatadi.

Bosh ma'no va yasama (hosila) ma'no. So'zning birlamchi, dastlabki, asosiy ma'nosi bosh ma'no deyiladi. Boshqacha qilib aytganda u yoki bu leksik ma'noning vujudga kelishi, o'sib chiqishi uchun asos bo'ladigan ma'no bosh ma'nodir. Bosh ma'no taraqqiyoti asosida hosil bo'lgan ma'no yasama ma'no deb yuritiladi. Masalan, ochiq so'zining bosh ma'nosi "berklanmagan" demakdir: ochiq deraza, ochiq darvoza. Eshik va darichalar ochiq bo'lsa ham, uyda birov ko'rinmadi (A.Qodiriy). Ochiq so'zining mana shu bosh ma'nosi ta'sirida yuzaga kelgan: 1) "aniq, ravshan, yashirmay" (ochiq bajarmoq, ochiq aytmoq, ochiq so'zlamoq. Elmurod ko'nglidagini ochiq aytib qo'ya qoldi – P.Tursun); 2) "xushfe'l, xushmuomala" (ochiq qiz, ochiq odam. U ichi kirsiz, serkulgi, ochiqqina bir yigit edi – A.Qodiriy) ma'nolari yasama (hosila) ma'nolardir.

To'g'ri ma'no va ko'chma ma'no. Leksik ma'nolarning bu ikki turi yuqorida qayd etilgan bosh ma'no va yasama ma'nolarga o'xshash. Darhaqiqat, so'zning bosh ma'nosi odatda to'g'ri ma'no deb, yasama ma'no esa ko'chgan ma'no deb qaraladi. Masalan, ko'z so'zining bosh ma'nosi uning odam a'zolaridan birining nomini – ko'rish organini ifoda etishidir. Bu ayni vaqtda to'g'ri ma'no hamdir (Bobomning ko'zi hali yaxshi ko'radi). Ko'z so'zining derazaning ko'zi, buloqning ko'zi, yog'ochning ko'zi, uzukning ko'zi, xurjunning ko'zi birikmalaridagi ma'nolari yasama ma'nolar, shuning bilan bir qatorda ko'chma ma'nolardir. Shuningdek, burun, quloq, tish, og'iz so'zari odamning burni, odamning qulog'i, odamning tishi, odamning og'zi bog'lanishlarida bosh va to'g'ri ma'noda, choynakning burni, qozonning qulog'i, arraning tishi, g'orning og'zi birikmalarida esa yasama va ko'chma ma'noda ishlatilgan.

Nominativ (nomlovchi) ma'no va majoziy ma'no. Obyektiv borliqdagi bevosita tushuncha bilan bog'lanuvchi narsa – hodisa, belgi, harakatni ifodalovchi, uning nomi bo'lib xizmat qiluvchi leksik ma'no nominativ (nomlovchi) ma'no deyiladi. Nominativ ma'no voqelik bilan bevosita bog'lanadi. Masalan, gul, til, kalit, qizarmoq, terlamoq so'zarining bosh ma'nolari nominativ ma'nolardir. Majoziy ma'no narsa, belgi, harakat bilan bevosita bog'lanmaydi. U nominativ ma'no orqali ularga aloqador sanaladi. Chunonchi, gul so'zining nominativ ma'nosi o'simlik turlaridan birining nomini anglatib kelishidir. Shu suz yigitlarning guli birikmasida "noyob", "sara" ma'nosini anglatadi. Bu – majoziy ma'no sanaladi. Gul – o'simlik nomi sifatida bevosita voqelik bilan bog'langan. Majoziy ma'noda esa voqelik bilan so'zning nominativ ma'nosi orqali bog'lanib kelgan. Til so'zi odamning tili birikmasida "og'izda joylashgan va ta'm – maza bilishga xizmat qiladigan "a'zo" ma'nosini – nominativ ma'noni anglatsa, dehqonchilikning tilini bilmoq, mashinaning tilini bilmoq bog'lanishlarida "nozik tomon", "sir" ma'nosini – majoziy ma'noni bildiradi.

Erkin ma'no va bog'li ma'no. Nutqda reallashish holatiga ko'ra leksik ma'no ikki turga: erkin ma'no va bog'li ma'noga bo'linadi. Professor A.Hojievning ta'kidlashicha, erkin ma'no narsa, belgi, harakat bilan bevosita bog'lanadigan ma'no bolib, uning reallashuvi ma'lum kontekstga, so'z qurshoviga bog'liq bo'lmaydi. Masalan, o'yin so'zining raqs ma'nosi, chekmoq so'zining ichga tortmoq ma'nosi, yugurmoq fe'lining chopmoq ma'nosi, chap so'zining o'ngning aksi ma'nosi erkin ma'no hisoblanadi. Bu ma'nolar hech qanday qo'shimcha vositaga bog'liq bo'lmagan holda reallasha oladi.

Bog'li ma'no ma'lum so'z yoki so'zlar qurshovidagina reallashadi. Bunday ma'noning yuzaga chiqishi uchun ma'lum so'z shu bog'liq ma'noni reallashtiradigan so'z yoki so'zlar bilangina qo'llanadi. Masalan, chekmoq fe'li "boshidan o'tkazmoq" ma'nosini anglatishi uchun g'am, alam, tashvish, ozor so'zlari bilan qo'llanishi lozim. Bu so'zlarsiz chekmoq fe'lining yuqoridagi ma'nosi nutqda namoyon bo'lmaydi. Shu bois ushbu so'zning ma'nosi bog'li ma'no sanaladi.

Leksik sinonimiya

Ma'nolari bir xil yoki bir-biriga yaqin bo'lgan, aytilishi va yozilishi jihatidan turli shakllarga ega bo'lgan so'zlar tizmasiga sinonimlar deyiladi. Sinonim aslida grekcha nomdoshlik, bir xil nomlilik demakdir. Shunga qaraganda, yuqoridagi ta'rif sinonimlarning mohiyatini to'la ochib bera olmaydi. Shuning uchun denotativ ma'nosi bir xil, konnotativ ma'nosi (qo'shimcha ma'no ottenkasi, semantik bo'yog'i) va boshqa xususiyatlari farqli bo'lgan so'zlarga sinonimlar deyiladi debham ta'rif beriladi. Masalan: jamol, oraz, ruxsor, chehra, yuz, bet, aft, bashara, turq; chiroyli, go'zal, ko'rkam; iljaymoq, jilmaymoq, tirjaymoq, ishshaymoq kabi.

Avvalo, tushuncha predmet, voqea, hodisa, harakatlar haqida kishilarning tasavvuri bo'lib, so'z shularning ma'lum tovush va tovushlar yig'indisi sifatida tilda reallashuvidir. Lekin bu so'z ma'nosi va tushuncha doim bir-biriga teng keladi, degan fikrni keltirib chiqarmaydi. Chunki inson ma'lum bir predmet haqida tasavvur qilar ekan, u shu predmet haqida butunligicha tasavvur hosil qilolmaydi, uning belgilarini qismlarga ajratadi va shu predmet haqida yaxlit bir tushuncha emas, balki bir necha tushunchalar hosil bo'ladi. Predmet, voqea yoki hodisani ko'p tomonlama tavsiflash shu predmet yoki hodisaga turlicha nom berishga olib keladi va sinomiyani keltirib chiqaradi. Masalan, ichmoq, xo'plamoq, shimirmoq; sipqarmoq sinonimlarida ichish harakatining har xil idrok qilinishi, o't, olov, alanga, yolqin sinonimlarida esa olovning yonish jarayonidagi ovoz (lov-lov, lop-lop) va nur taratish (yal-yal, yalt-yalt) tushunchalari asos bo'lganligi aniq. Bu, ayniqsa, taqlidiy yasalmalarda yaqqolroq ko'rinadi: qarsak va chapak, xushtak va churrak bir xil hodisa (qarsak, chapak) va predmetning (hushtak, churrak) nomi ikki xil tushunchaga ko'ra turlicha nomlangan. Sinonimlar o'zlarining qo'llanish xususiyatiga ko'ra ikkiga ajratiladi: 1. Barqaror (o'zgarmas) sinonimlar. 2. Beqaror (o'zgaruvchan) sinonimlar.

O'zbek adabiy tilida sinonimik qatorlar ham ichki, ham tashqi manba: chetdan so'z olish (erk-o'zbekcha, ozod-forcha), adabiy til va dialektal so'zlar (narvonadabiy, shoti-dialektal), polisemantik so'zlar (bet-yuz, sahifa) hisobiga tashkil topadi. Ta'kidlash joizki, sinonimik qatorni tarkib toptiruvchi so'zlar ayni bir tilda, ayni bir vaqtda lug'aviy birlik holida qayd etilishi kerak. Shuning uchun ma'nodosh so'zlarning sinonimik qatorni tashkil qilishida quyidagi talablar qo'yiladi:

1. Adabiy tilga munosabati: izlamoq, istamoq. 2. Uslubiy qo'llanishi: inson, bashar. 3. Emosional-ekspressivligi: yuz, chehra kabi.

Tilda hamma so'z turkumlari sinonimik qator hosil qila oladi: odam-inson, go'zal-chiroyli, ming-lak, hamma-barcha, yig'lamoq-siqtamoq, tez-chaqqon, shivirshivir, pichir-pichir kabi. Sinonimlarning paydo bo'lish manbalari:

1. O'zbek tilining o'z ichki imkoniyatlari asosida: a) tub so'zlar: odam, kishi; aytmoq, demoq kabi; b) tub so'z va yasamalar: his, sezgi; savol, so'roq; vazifa, topshiriq kabi.

2. O'zbek tili va boshqa turkiy tillar o'zaro aloqasi asosida: paxta, momiq kabi.

3. O'zbek tili va uning dialektlari munosabati asosida: narvon, shoti; satil, paqir, chelak; buzoq, go'sala va boshqalar.

4. O'zbekcha va chetdan qabul qilingan so'zlar: yuz, bet (o'zbekcha), aft, chehra (forscha); ulug', katta (o'zbek), kalon, buzurg (fors-tojik), gigant (rus)kabilar.

Sinonimlar og'zaki va yozma nutqda amaliy ahamiyatga ega, chunki ular so'zni o'rinsiz takror ishlatishga yoʻl qoʻymaydi, uslubning ravonligini taʼminlaydi. Sinonimlar - badiiy tasvir vositasi. Yozuvchilar oʻz asarlarida sinonimlardan asar qahramonlarining xarakterini ochishda, manzaralarni obrazli tasvirlashda keng foydalanadi.

Leksik antonimiya

Oʻzaro zid, qarama-qarshi maʼnoli til birliklariga antonimlar deyiladi. Masalan, katta-kichik, uzoq-yaqin, doʻst-dushman kabi. Misollardan koʻrinadiki, antonimiya soʻz juftligida muayyan leksik maʼnoning oʻzaro qarama-qarshi boʻlishidir. Yaʼni antonimlik faqat bir juft soʻz oʻrtasida boʻladi. U bundan ortiq soʻzni oʻz koʻlamiga sigʻdira olmaydi, chunki har qanday zidlik mantiqan ikki narsa oʻrtasida boʻladi, yaxshi va yomon antonimlari orasiga uchinchi bir "oʻrtacha" belgi anglatuvchi soʻz kiritish mumkin emas. Bu jihatdan antonimlar A va B nuqtalarda joylashgan bir toʻgʻri chiziqning ikki uchiga oʻxshaydi. Yana qiyoslang: katta-kichik, past-baland, yosh-qari, achchiq-chuchuk kabi. Soʻzlar maʼnolari oʻrtasidagi zidlik koʻproq sifat va ravishlarda, qisman ot (vafo va jafo) hamda feʼllarda (kel va ket, tur va oʻtir kabi) uchraydi. Chetdan qaraganda, antonimlardagi zidlik, qarama-qarshilik maʼlum predmet, belgi va harakatlarning inkor va tasdigʻiga oʻxshab ko'rinadi, chunki antonimlarga o'xshash inkor ham odatda sifat va fe'l turkumiga oid so'zlarda kuzatiladi. Lekin ular o'rtasida keskin farq bor. Ma'lumki, hamma sifat va fe'llarning inkor shaklini yasash mumkin (yaxshi-yaxshi emas, baland-baland emas, kel-kelma, o'qi-o'qima, turturma kabi), lekin hamma sifat va fe'llar antonimlikni tashkil qila olmaydi. Masalan, qog'ozli-qog'ozsiz so'zi o'zaro antonim emas, balki bir-birining inkoridir, chunki qog'ozli so'zini inkor qilinsa, qog'ozsiz so'zining ma'nosi, aksincha, qog'ozsiz so'zini inkor qilinsa, qog'ozli so'zining ma'nosi kelib chiqadi. Bu inkor bir so'z doirasida boradi, shuning uchun ular antonimlikni tashkil qila olmaydi

Omonimlar

Shakli bir xil va ma'nolari turlicha bo'lgan ikki yoki undan ortiq so'zlar omonimlar deyiladi. Omonimlar asosan bir xil ohangda aytiladi va bir shaklda yoziladi. , omonimlar, odatdagidek, quyidagicha tasnif qilinadi:

1. Sof omonimlar.

2. Shartli omonimlar: a) omofonlar; b) omograflar; v) omoformalar. So'zlarning omonim yoki omonim emasligi aslida: 1) talaffuzdagi bir xilligiga; 2) yozuvdagi bir xilligiga; 3) ba'zan fonetik yo morfologik

jihatdan so'zlarning bir xil bo'lib qolishiga bog'liq.

Shu xususiyatlarning hammasiga to'la ega bo'lgan ikki yoki undan ortiq so'zlarnigina sof omonimlar deyish mumkin. Demak, ham aytilishi, ham yozilishi bir xil bo'lgan so'zlarga sof omonimlar deyiladi: ot (ism), ot (buyruq fe'li), ot (ish hayvoni); uch (son) uch (buyruq fe'li), uch (biror narsaning tugallangan qismi) kabi. Sof omonimlar lug'aviy birliklar sifatida bir xil tarkibga ega bo'lgan birdan ortiq so'zlardir. Masalan, qo'sh so'zi ham ot, ham sifat, ham fe'l turkumlari sifatida uch mustaqil leksemani tashkil qiladi.

Ba'zan so'zlar faqat bir tomoni yo aytilishi yo yozilishi yoki tarkibidagi biror morfemasi orqaligina o'xshash bo'lib qoladi, shuning uchun ular shartli omonimlar deb юritiladi. Ular avvaldan til birligi sifatida mavjud bo'lmay, faqat nutqiy jarayonda bir xil shaklga kelib qoladi. [5.B.34-35]

Omofonlar.

Talaffuzi, aytilishi bir xil, yozilishi va ma'nolari turlicha bo'lgan so'zlarga omofonlar deyiladi. Masalan: to'n (kiyim), ton (ovoz); yot (begona), yod (yod olmoq, xotirada saqlamoq); urush (jang), urish (harakat nomiurmoq) kabi. Ko'rinadiki, bu so'zlarning o'xshashligi nutq jarayonida so'z tarkibidagi ayrim tovushlarning artikulyasion-akustik o'zgarishi natijasida hosil bo'ladi. Masalan, to'rt so'zining o'zbek tilida so'z oxirida undoshlarning qator kelmasligi qonuni asosida to'r (so'm) sifatida talaffuz qilinishi to'r (setka) so'zi bilan, tok (elektr zaryadi) so'zining ruschadan o'zlashgan so'zdagi unlining o'zbekcha talaffuzga moslashtirilishi natijasida to'k fe'liga shakldosh bo'lishiga sabab bo'lgan.

Paronimlar

Paronimlar grekcha yonidagi nom, qo'shaloq nom demakdir. Leksik ma'noga ko'ra o'zaro aloqador bo'lmagan ikki so'zning talaffuzda o'xshashligiga asoslangan ohangdosh so'zlarga paronimlar deyiladi: yoriq-yoruq, qurt-qurut, burch-burj, abzal-afzal kabi. So'zlarda paronimiyaning юzaga kelishi uchun ularning fonetik tarkibidagi shunchaki o'xshashlik etarli emas. Masalan, tuz va tut so'zlari tarkibidagi bir tovush (z va t) hisobiga farqli bo'lsa ham, paronim bo'la olmaydi, chunki bu tovushlar artikulyasion-akustik jihatdan bir-biridan uzoq: t-jarangsiz, til oldi, portlovchi undosh, z-jarangli, til oldi, sirg'aluvchi undosh.

Ko'rinadiki bu tovushlar faqat artikulyasiya

o'rniga ko'ra bir-biriga yaqin bo'lsa ham, ovoz va shovqinning ishtirokiga ko'ra, artikulyasiya usuli va akustikasiga ko'ra boshqa-boshqa tovushlardir. Paronim bo'lish uchun yondosh so'zlar faqat bir xususiyatiga ko'ra farqlanib, boshqa xususiyatlari bilan o'xshash bo'lishi shart. Masalan, hol-xol so'zlarida h va x paydo bo'lish o'rniga ko'ra, abzal-afzal so'zlarida b va f tovushlari artikulyasiya usuliga ko'ra, farqlanadi va paronimiyani hosil qiladi.

Paronimlar turli yo'llar bilan hosil bo'ladi: a) tovush ohangdoshligiga ko'ra: bot-bod; b) turli o'zakdan bir xil qo'shimcha vositasida so'z yasash natijasida: yonilg'iyoqilg'i, yolqin-yorqin kabi; v) so'z o'zlashtirish vositasida: o'zbekcha ora>aro, fors-tojik oro, o'zbekcha burch arabcha burj va boshqalar. Paronimlardan poeziyada she'riy qofiyalar yaratishda, shuningdek, askiya, hazil-mutoyibada ham keng foydalaniladi.

Giponimiya

Leksemalararo semantik munosabatning yana bir turi giponimiya (aniqrog'i, gipo-giperonimiya), ya'ni tur-jins munosabati. Giponimik munosabatda giperonim (jins) va giponim farqlanadi.

Giperonim jins belgisini bildirgan predmetning nomini ifodalovchi ko'pgina ma'noni semantik jihatdan umumlashtiruvchi mikrotizimning markaziy leksemasi, dominantasi sifatida namoyon bo'luvchi lug'aviy birlik. Giponim esa ma'lum jins turining nomini hamda o'zining semantik tarkibida implitsit tarzda jins ma'nosini ham ifodalovchi, semantik jihatdan giperonimga nisbatan boy bo'lgan lug'aviy birlik. Giponim va giperonim orasidagi aloqa mantiqiy asosga ega. Bu esa ob'ektiv borliqdagi umumiylik tushunchasi bilan bog'liq. Masalan, [daraxt] giperonimi jins ma'nosini ifodalovchi leksema sifatida daraxtning barcha turini ifodalovchi leksemalarni leksik-semantik munosabat asosida birlashtirib, leksik-semantik guruh hosil qiladi. Shu boisdan [daraxt] leksemasi giperonim sifatida giponimi bilan leksik-semantik aloqaga kirisha oladi. Masalan, [daraxt]-[qayin], [daraxt]-[terak], [daraxt]-[dub], [daraxt]-[archa]. Giponimlar teng huquqli bo'lib, giperonimga munosabati bir xil. O'z navbatida, bu munosabat polisemiya va omonimiya hodisasi bilan ham bog'lanadi. Masalan, o'zbek tilidagi [daraxt] nomi dastlab ikki guruhga bo'linadi: mevali daraxt va manzarali daraxt. Mevali daraxt o'z mevasining nomi bilan ataladi. Shuning uchun bu leksema ko'p ma'noli bo'lganligi bois bir tomondan [meva], ikkinchi tomondan [daraxt] giperonimi bilan semantik munosabatga kirishadi: [Meva]: [olma]-[oʻrik]-[shaftoli]-[behi]. [Daraxt]: [olma]-[oʻrik]-[shaftoli]-[behi]. [Daraxt] giperonimi jins tushunchasini ifodalovchi leksema sifatida, birinchi navbatda, shu jinsning turini bildiruvchi soʻz bilan bogʻlanadi.

Garduonimiya (darajalanish)

Lugʻaviy maʼno guruhlari doirasida maʼno darajalanishini ifodalovchi leksik birliklar graduonimiyadir. Belgini darajalab atab keluvchi soʻzlarni oʻzaro birlashtirish tilshunoslikda uzoq tarixga ega. Alisher Navoiy «Muhokamatul-lugʻatayn» asarida «yigʻi» holatini ifodalovchi quyidagi darajalanish qatorini ajratadi: ingramoq, singramoq, yigʻlamsinmoq, yigʻlamoq, siqtamoq, oʻkirmoq, hoy-hoy yigʻlamoq. Bunday leksemalar qatori oʻzaro darajali ziddiyat (graduonimik oppozisiya)da turadi. Qoʻzishirvoz-tusoq-shishak-chori-panji qatorida darajalangan. «yoshning miqdori» semasi darajalanish munosabatlari bilan soʻzlar qatorini: a) sof lisoniy asoslar; b) gʻayrilisoniy asoslar kabi ikki guruhga ajratish mumkin.

Gʻayrilisoniy asosga tabiatda boʻladigan sifat va miqdoriy oʻzgarishlar asosida yuz beradigan hodisalar va shu hodisalarga inson tomonidan atab qoʻyilgan soʻzlar kiradi. Yaʼni miqdoriy farqlar alohida soʻzlar bilan ataladi: nihol, koʻchat, daraxt kabi. Lisoniy lugʻaviy darajalanishda esa bir qator soʻzlardagi atash-nomlash semalari tarkibidagi miqdorda maʼlum bir belgining oz-koʻpligiga, turli xil darajalariga ishora mavjud. Jumladan, darcha, eshik, darvoza soʻzlarining talqinida «kichkina», «eshikcha», «katta» soʻzlari miqdoriy belgilariga ishora mavjud. Soʻzlarning graduonimik qatorlarga tizilishi maʼlum bir belgi (oppozisiya belgisi) zaminida sodir boʻladi. Masalan, «qizillik» belgisi asosida gulobi, pushti, qizgʻish, qizil, ol, qirmizi; «yosh miqdori»ga koʻra: qulun, toy, doʻnon, gʻoʻnon, ot; «katta-kichiklik» miqdoriy belgisiga koʻra: kulba, hujra, uy, koʻshk, qasr, saroy, koshona kabilarga boʻlinadi. Xullas, graduonimik munosabatlarni oʻrganish graduonimik uyalar lugʻatini tuzish, oʻzbek tili lugʻat xazinasidan unumli va samarali foydalanishga qulay imkoniyatlar yaratib beradi.

Partonimiya

Soʻzlararo maʼnoviy munosabatlarda partonimiya oʻziga xos oʻrin tutadi. Partonimiya atamasi lotincha partos – boʻlak, qism va nomos nom demakdir, yaʼni soʻzlararo butunbo'lak munosabatlarini ifodalashga taalluqli aloqalar tushuniladi. Masalan, daraxt-ildiz-tana-shox-barg; uy-xona-devor-tom-eshik so'zlari o'zaro butunbo'lak munosabatlari bilan bog'langan. Partonimik lug'aviy ma'no guruhidagi so'zlar butunnom va bo'laknom kabi ikki turga ajratiladi: daraxt-butunnom; ildiz, tana, shox, barg-bo'laknom. «Odam» partonimik lug'aviy ma'no guruhida bosh, tana, qo'l, oyoq kabi 4 bo'lak o'zaro ma'lum tartibda va qonunqoida asosida birlashib, bir sistemani – «odam» nisbiy butunligini tashkil etadi. Partonimik lug'aviy ma'no guruhlaridagi so'zlarni qiyosiy o'rganish bu lug'aviy birliklarning ma'nosini yanada chuqurroq ochishga yordam beradi.

Savol va topshiriqlar

1. Sema va semema haqida ma'lumot bering.

2. Semalar ma'no xususiyatlariga ko'ra qanday turlarga bo'linadi?

3. Atash (denotativ) semalari nima? Ifoda va vazifa semalari-chi?

4. Ideografik semalarning integral va differensional semalarga bo'linishini tushuntiring.

Tayanch tushunchalar

Sema – leksik ma'no (semema)ni tashkil toptiruvchi komponent va ma'no qirralari.

Atash semalari – leksemaning leksik ma'nosidagi ideografik semalar (atash, nomlash ma'nosini shakllantiruvchi semalar).

Ifoda semalari – semema tarkibidagi uslubiy ma'no qirralari.

Vazifa semalari – atash, ifodalash bilan birga leksemalarning nutqda o'zaro birika olishini (valentligini) belgilaydigan semalar.

5-mavzu: O'zbek tili leksikasining tarixiy taraqqiyoti

REJA:

1. Umumturkiy leksemalar haqida

2. O'zbek tilining o'z leksemalari

3. O'zlashgan qatlam

4. Leksemalarni o'zlashtirish

Tayanch iboralar: leksema, lug'aviy birlik,

semantik belgi, oʻzak, affiks, prefiks, kalkalab olish.

Oʻzbek xalqi, maʼlumki, eng qadimgi turkiy urugʻ va qabilalardan oʻsib chiqqan, demak, uning tili ham shu urugʻ va qabilalar tili negizida rivoj topgan. Markaziy Osiyodagi turli tarixiy va ijtimoiy-siyosiy jarayonlar xususan, arablar, moʻgʻullar va ruslar istilosi, qardosh qozoq, qirgʻiz, turkman, tojik xalqlari bilan qoʻshnichilik munosabatlari ham oʻzbek tili taraqqiyotiga jiddiy taʼsir oʻtkazgan, bunda, ayniqsa, turkiy-arab, oʻzbek-arab, oʻzbek-tojik, oʻzbek-qozoq, oʻzbek-qirgʻiz, oʻzbek-turkman va oʻzbek-rus bilingvizmi kabi omillarning roli katta boʻlgan. Ana shu tarixiy jarayonlar bilan bogʻliq ravishda oʻzbektilining lugʻat boyligida ikkita yirik qatlam - oʻz va oʻzlashgan qatlamlar tarkib topgan. Oʻz qatlam oʻzbek tili leksikasining umumturkiy leksemalari va oʻzbek tilining oʻz leksemalaridan iborat qismlaridir.

1.Umumturkiy leksemalar oʻzbek tili leksikasining eng qadimgi lugʻaviy birliklaridir. Ularning aksariyati hozirgi qozoq, qirgʻiz, turkman, ozarbayjon tillarida ham saqlangan. Qiyos qiling: bosh (oʻzb.) – bas (qoz., qoraq.) – bash (qirgʻ., turkm.); til (oʻzb.,qoz.,qirgʻ.) – dil (turkm., ozarb.); togʻ (oʻzb.) – too (qirgʻ.)

– tav, tau (qoraq.,qoz.) – dag' (turkm., ozarb.) kabi.

O'zbek tili leksikasidagi umumturkiy leksemalarning o'ziga xos fonetik va semantik belgilari bor.

Fonetik belgilari: a) leksemalarning ko'pchiligi bir yoki ikki bo'g'inlidir. Bir bo'g'inli leksemalar: qo'l, ko'z, bosh, tosh, bir, uch; ikki bo'g'inli leksemalar: ikki, olti, oltin, yetti, ota, ona va boshqalar. Uch bo'g'inli leksemalar juda kam: qo'rg'oshin, qumursqa, yigirma kabi;

b) leksema yoki bo'g'in boshida undosh tovushlar qatorlashib kelmaydi;

d) leksema oxirida undosh tovushlar yonma-yon qo'llanishi mumkin, ammo bu hodisa juda kam uchraydi: ort, ost, ust, to'rt, qirq kabi;

e) ikki bo'g'inli leksemalarning birinchi bo'g'ini to'la ochiq (**o**-na, **o**-ta), boshi yopiq (**ku**-mush, **bo**-la), oxiri yopiq (**ol**-tin, **o'r**-dak), to'la yopiq (**bay**-ram, **bay**-roq), ikkinchi bo'g'ini esa boshi yopiq (o-**ta**, o-**na**) va to'la yopiq (ol-**tin**, ku-**mush**, si-**gir**) strukturali bo'ladi;

f) ikkinchi bo'g'in hech qachon unli bilan boshlanmaydi, ammo unli bilan tugash holatlari keng tarqalgan: ik-**ki**, yet-**ti**, bo-**la**, ar-**pa**, bol-**ta** kabi;

g) leksema tarkibida ikki unli yonma-yon kelmaydi;

h) f, h undoshlari umuman qoʻllanmaydi;

i) r, l, v, ng, g,(gʻ), d, z undoshlari leksema boshida uchramaydi;

j) e,oʻ unlilari leksema oxirida ishlatilmaydi (ayrim undov soʻzlar bundan mustasno);

k) urgʻu koʻpincha leksema oxiriga tushadi.

Semantik belgilari: umumturkiy leksemalarnig aksariyati koʻp maʼnolidir:

bosh – 1) «odamning boshi», 2) «koʻchaning boshi», 3) «ishning boshi», 4) «bosh agronom»; koʻz – 1) «odamning koʻzi», 2) «uzukning koʻzi», 3) «taxtaning koʻzi», 4) «derazaning koʻzi» kabi.

Bu qatlamda «qon-qarindoshlik», «inson aʼzolari», «uy hayvonlari», «yovvoyi hayvonlar», «parrandalar», «mehnat faoliyati», «uy-roʻzgʻor buyumlari», «rang-tus», «maza-taʼm», «miqdor», «sanoq», «harakat», «holat», «urf-odat» maʼnoli leksemalar koʻpchilikni tashkil etadi.

Morfologik belgilari: a) umumturkiy leksemalar hozirgi oʻzbek tilining barcha soʻz turkumlarida uchraydi;

b) turlanadi va tuslanadi;

d) oʻzak va affiks morfemalar erkin va standart boʻladi: koʻzim, koʻzing, koʻzi, koʻzni, koʻzning, boraman, borasan, boramiz kabi;

e) leksema tarkibida prefikslar qoʻllanmaydi;

2. Oʻzbek tilining oʻz leksemalari - oʻzbek tilining oʻzida yasalgan leksemalar. Ular oʻz qatlamning ikkinchi (nisbatan yangi) qismini tashkil qiladi. Bunday yasalish quyidagi usullar bilan amalga oshirilgan:

a) semantik usul bilan. Bunda ma'no taraqqiyoti yangi leksemaning yuzaga kelishiga olib kelgan: koʻk («rang») – koʻk («osmon»), yetti («son») - yetti («ma'raka nomi»), yupqa (sifat) – yupqa (ot: «ovqatning bir turi») kabi;

b) affiksatsiya usuli bilan. Bunda oʻzak va affikslar turli til materiallari boʻlishi mumkin, ammo ularning qoʻshilishi oʻzbek tili tarkibida yuz beradi, oʻzbek tilining leksema yasash qoliplariga asoslanadi, shu sababli bunday yasalma oʻzbek tilining oʻz qatlami birligi sanaladi. Masalan: bosh (umumturkiy)+ «-la» (oʻzb.)>boshla (oʻzb.), temir (umumturkiy)+ «-chilik» (oʻzb.)>temirchilik (oʻzb.), jang(f-t.)+«-chi» (oʻzb.)>jangchi (oʻzb.), madaniyat (ar.)+«-li» (oʻzb.)>madaniyatli (oʻzb.), obuna (rb.)+«-chi» (oʻzb.)>obunachi (oʻzb.) kabi.

Oʻzbek tilining oʻz leksemalaridagi yasovchi asos arabcha yoki ruscha-baynalmilal boʻlganda, yasalmaing oʻzagi yoki asosida ikki unli yonma-yon kelishi, leksema boshida ikki-uch undosh qatorlashishi mumkin: maorifchi, matbaachi, doirachi, saodatli, manfaatli, dramnavislik, drenajlanmoq, plakatbop, planbozlik. Bu hol hozirgi oʻzbek tili lugʻatining oʻz qatlamida ham umumturkiy leksemalarga xos fonetik belgilardan farqli jihatlar paydo boʻlganligini koʻrsatadi.

Oʻzlashgan qatlam - oʻzbek tili leksikasining boshqa tillardan oʻzlashtirilgan leksemalardan iborat qismi. Masalan: maktab, oila (ar.), daraxt, gul (f-t.), axta, bahodir (moʻgʻ.), afandi (turk.), ravshan (sugʻd.), traktor, avtobus (rus.) va boshqalarlar. Bu qismda arab, tojik-fors va rus tillaridan oʻzlashtirilgan leksemalar koʻpchilikni tashkil qiladi.

1.Arab tilidan oʻzlashtirilgan leksemalar. Bunday leksemalarning oʻzlashtirilishi VIII asrdan boshlanib, IX-X asrlarda ancha faollashgan. Arab tilidan leksema oʻzlashtirilishiga olib kelgan omillar ichida quyidagilar muhim rol o'ynagan:

a) arablar istilosi; b) islom dinining keng tarqalishi; d) arab yozuvining qo'llana boshlanganligi; e) madrasalarda arab tilining o'qitilishi; f) turkiy-arab ikki tilliligining (bilingvizmning) tarkib topganligi; g) olim-u fuzalolarning arab tilida ijod qilganligi va boshqalar.

Hozirgi o'zbe tili leksikasida arab tilidan o'zlashtirilgan leksemalarning ko'pchiligi ot, sifat va ravish turkumlariga mansubdir: otlar – adabiyot, axborot, avlod, ayol, maktab, maorif, ma'naviyat, hosil, hukumat, odam, haqiqat, intizom, inshoot va boshqalarlar; sifatlar – adabiy, ajnabiy, aziz, azim, ayyor, aqliy, badiiy va b.lar; ravishlar – avval, ba'zan, bil'aks, ta'ziman kabi. Bulardan tashqari, bog'lovchilar (balki, ammo, lekin, va, vaholonki), undovlar (ajabo, barakalla, salom, xayr), modal so'zlar (albatta, ehtimol, avvalo), yuklamalar (faqat, xuddi), ko'makchilar (binoan) ham o'zlashtirilgan.

Arab tilidan leksema va so'zlarning o'zlashtirilishi o'tmishda faol bo'lgan, hozir esa bu jarayon deyarli to'xtagan. Ayrim arabcha leksemalar hatto eskirib, istorizm yoki arxaizmlar qatoriga o'tib qolgan: adad (sanoq so'z), ajam (—arablardan boshqa xalqlar‖), akbar ("katta", "buyuk","ulkan"), alam (bayroq), bayoz (—she'riy to'plam‖), sallox (—qassob), saloh (—to'grilik, —vijdonlilik), sanad (—hujjat).

Arab tilidan o'zlashtirilgan leksemalarning fonetik, semantik va morfemik tarkiblarida quyidagi xususiyatlar borligi ko'zga tashlanadi:

a) leksema tarkibida ikki unlilning yonma-yon qo'llanish hollari uchraydi: matbaa, mutolaa, saodat, oila, doir, rais kabi;

b) ra'no, da'vo, ta'na, e'lon, me'mor, ta'lim, e'tibor, mo'tabar kabi leksemalarda ayni tovushidan oldingi unli kuchli va biroz cho'ziq talaffuz etiladi;

d) jur'at, sur'at, bid'at, qal'a, san'at leksemalarida bo'g'inlar ayirib talaffuz qilinadi;

e) semantik jihatdan: ko'proq diniy, hissiy, axloqiy, ilmiy, ta'limiy va mavhum tushunchalar ifodalanadi: avliyo, aza, azon, vahiy, avrat, axloq, axloqiy, xulq, fikr, tafakkur kabi; ilmga, adabiyot va san'atga oid tushuncha nomlari ham keng tarqalgan: amal (matematikada hisob turi), rukn, vazn (adabiyotshunoslik atamalari), riyoziyot (—matematika‖), adabiyot, san'at, tibbiyot (fan va soha nomlari) kabi;

f) leksemalarning lug'aviy va grammatik

shakllari flektiv xarakterda bo'lib, o'zbek tilida morfemalarga ajratilmaydi: ilm, muallim, olim, ulamo; fikr, tafakkur, mutafakkir kabi.

Arab tilidan o'zlashtirilgan lug'aviybirliklar orasida tarixan yasama bo'lgan leksemalar (adabiy, badiiy, g'olibiyat, voqeiy, voqean, oilaviy) ham bor.Bunday leksemalar bilan birga o'zlashtirilgan —-iy, —-viy, —-an affikslari o'zbek tilida so'z yasovchi affikslar darajasiga ko'tarilgan, natijada o'zbek tilida leksema yasash imkoniyatlari kengaygan. Hozirgi o'zbek tilida shu affikslar vositasida yasalgan juda ko'p yangi leksemalar mavjud: texnikaviy, fizikaviy, tuban, turkiy kabi. Bulardan tashqari, arabcha leksik o'zlashmalar o'zbekcha yoki tojikcha leksemalar bilan ma'no munosabatiga kirishib, o'zbek tilining sinonimik qatorlarini boyitgan: o'rinbosar (o'zb.) - muovin (a.), guvoh (f-t.) – shohid (a.), aniq (a.) – ravshan (so'g'd.) kabi . [4.B.111-113]

2.*Fors-tojik tillaridan o'zlashtirlgan leksemalar.* Bunday leksemalarning o'zbek tiliga o'zlashtirilishida quyidagi omillarning alohida roli bor:

a) o'zbek va tojik xalqlarining qadimdan bir (yoki qo'shni) territoriyada, bir xil ijtimoiy tuzum, iqtisodiy va madaniy-ma'naviy muhitda yashab kelayotganligi;

b) oʻzbek-tojik va tojik-oʻzbek ikki tilliligining (bilingvizmining) keng tarqalganligi;

d) tojik va fors tillarida ijod qilish anʻanalarining uzoq yillar davom etganligi;

e) Qoʻqon xonligi va Buxoro amirligida tojik tilining alohida mavqega ega boʻlganligi; d) adabiyot, sanʻat, madaniyat, urf-odatdagi mushtaraklik.

Hozirgi oʻzbek tilida tojik-fors tillaridan oʻzlashtirilgan leksemalar orasida otlar (sartarosh, avra, avra-astar, bazm, barg, baxt, daraxt, daraxtzor, hunar, hunarmand), sifatlar (badboʻy, badjahl, baland, baravar, barvasta, bardam, barzangi, barra, baxtiyor, bachkana, ozoda, toza), ravishlar (bajonidil, banogoh, doʻstona, tez, bazoʻr, astoydil, chunon), bogʻlovchilar (chunki, yoki, agar, garchi, ham), undovlar (balli, dod), yuklamalar (xoʻsh, xuddi), modal soʻzlar (chunonchi, binobarin) uchraydi. Fors-tojik tillaridan oʻzlashtirilgan leksemalarda: a) leksema oxirida undosh tovushlarning qatorlashib kelishi ancha keng tarqalgan: gʻisht, goʻsht, daraxt, karaxt, doʻst, past, kaft, farzand kabi. (Umumturkiy leksemalarda bu holat kam uchraydi); b) kuchsiz lablangan —o unlisi leksemaning barcha boʻgʻinlarida qoʻllanadi: ohang, nobud, bahor, obodon, peshona kabi. Tojik-fors tillaridan oʻzbek tiliga bir qator prefiks va suffikslar ham oʻzlashgan: prefikslar – be-, ba-, no-, ham-, bar-, kam-, xush-; suffikslar- -kor, -zor, -xoʻr, -parvar, -kash, -bop, -boz, -doʻz, -namo, -paz, -furush kabi.

Ular dastlab tojik-fors leksemalari tarkibida qoʻllangan, keyinchalik oʻzbek tilining soʻz yasovchi affikslari qatoridan oʻrin olib, yangi leksemalarning yasalishida ishtirok etgan, shu yoʻl bilan oʻzbek tili leksikasini yanada boyitgan. Masalan: badavlat, beayov, bebosh, beboshlik, nosogʻ, notoʻgʻri, hamyotoq, hamkurs, hamyurt, barkamol, kamsuv, kamsuvlik, kamsuqum, kamsuqumlik, xushbichim, xushyoqmas, oʻrikzor, olmazor, toʻqayzor, bugʻdoyzor, bugʻdoykor, nafaqaxoʻr, tekinxoʻr, adolatparvar, chizmakash, somsapaz, yubkabop, kostumbop, gruppaboz, buyruqboz, maxsidoʻz, telbanamo, ipakfurush kabi. Bulardan tashqari, tojik tilidan oʻzlashgan xona, noma leksemalari oʻzbek tilida affiksoid vazifasida qoʻllanib, yilnoma, oynoma, ishxona, bosmaxona kabi yasama leksemalarning tarkib topishida ishtirok etgan.

Tojik tilidan oʻzlashtirilgan leksemalarga oʻzbek tilining soʻz yasovchi qoʻshimchalarini qoʻshib leksema yasash hollari ham anchagina bor. Tojik tilidan leksema oʻzlashtirilishi oʻzbek tilining lugʻat tizimida yangi sinonimik qatorlarni ham yuzaga keltirgan: qirov (oʻzb.) – shabnam (toj.), yaproq (oʻzb.) – barg (toj.), oltin (umumturkiy) – tilla (toj.), buloq (oʻzb.) – chashma (toj.) kabi. Bunday holni antonimlar tizimida ham koʻramiz: doʻzax (f-t.) –jannat (ar.), yirik (oʻzb.)-mayda (f-t.) kabi. [4.1.B.94-98]

3. Ruscha-baynalmilal leksemalar - oʻzbek tiliga rus tilidan va u orqali Yevropa tillaridan oʻzlashtirilgan leksemalar: gazeta, jurnal, avtobus, trolleybus, teatr, roman, sujet, geometriya, fizika, matematika, traktor, kombayn, raketa, avtomat, armiya va boshqalar.

Rus tilidan leksema oʻzlashtirilishiga koʻproq quyidagi omillar sabab boʻlgan:

a) Chor Rossiyasining imperialistik siyosati;

b) Sovet imperiyasida rus tilining millatlararo til mavqeiga ega boʻlishi, bu mavqening yildan yilga mustahkamlanib borishi;

c) oʻzbek-rus ikki tilliligining tarkib topishi;

d) matbuot, radio, televideniyeda rus tiliga keng oʻrin berilishi;

e) maktab-maorif tizimida, oliy oʻquv yurtlarida rus tilining maxsus oʻqitilishi;

f) ilm-fan terminologiyasining shakllantirilishida

ruscha-baynalmilal atamalarga ko'proq tayanish; g) ma'muriy-idoraviy ish qog'ozlarining asosan rus tilida yozilishi kabi.

Rus tilidan o'zlashtirilgan leksemalarning aksariyati ot va son turkumlariga mansubdir: institut, universitet, drama, zavod, fabrika (otlar), million, milliard, trillion(sonlar), gramm, kilogramm, litr, millimetr, santimetr, kilometr, sekund, tonna kabi. Bu qatlamda kalka usulida o'zlashtirilgan sifatlar ham bor: simmetrichnыy>simmetrik, psixologicheskiy>psixologik, biologicheskiy>biologik kabi.

Semantik jihatdan ruscha-baynalmilal leksemalar orasida ishlab chiqarishga (zavod, fabrika, stanok), ilm-fanga (sema, semema, nomema – tilshunoslikda; teorema, aksioma, romba, kvadrat – matematikada; spora, gameta, flora-botanikada; fauna, reptiliya - zoologiyada va b.lar); transportga (mashina, avtomobil, avtobus, poyezd, trolleybus, tramvay), san'atga (teatr, spektakl, rejissor, opera, drama), radio va televideniyega (radio, televizor, lampa, detal, videomagnitofon), harbiy tizimga (artilleriya, avtomat, tank, raketa, vzvod, rota, batalyon) oid leksemalar ko'pchilikni tashkil qiladi. [4.2.B.124-126]

Fonetik jihatdan qaralganda ruscha-baynalmilal

leksemalarda quyidagi belgi va xususiyatlar ko'zga tashlanadi: a) so'z urg'usi erkindir: u leksemalarning turli (birinchi, ikkinchi va oxirgi) bo'g'inlarida bo'lishi mumkin: abajúr, avantúra, proféssor, standárt, dráma kabi; b)urg'uli bo'g'indagi unli o'zbek tili leksemalarining urg'uli bo'g'inidagi unlidan cho'ziqroq talaffuz etiladi. Qiyos qiling: oltin (o'zb., umumturkiy) – karantin (r-b.), ovsin (o'zb.) – apelsin (r-b.), orzú (f-t.) – medúza (r.-b.) kabi; d) bir bo'g'inli leksemalarda unli tovush ruscha leksemalarda cho'ziqroq, o'zbekcha va tojikcha leksemalarda esa qisqaroq talaffuz qilinadi. Qiyos qiling: biz(o'zb.)-bis>bi:s (r.-b:—bisga chaqirmoq), tep (o'zb.fe'l shakli) – temp(r.-b.), pul (ft<yun.) – puls (r-b.); e)ruscha **o** o'zbekcha **o'** unlisidan kengroq va orqaroqda talaffuz qilinadi. Qiyos qiling: to'n (o'zb.)-ton (r-b.), to'rt (o'zb. < umumturkiy)-tort(r-b.) kabi; f) ruscha o'zlashmalarning birinchi urg_uli bo'g'inidagi unli o'zbek tili o'z leksemalarining birinchi bo'g'inidagi unlidan ancha cho'ziq va kuchli talaffuz qilinadi (chunki o'zbek tili leksemalarining birinchi bo'g'ini ko'pincha urg'usiz bo'ladi) Qiyos qiling: imlo (o'zb.<ar.)-impuls(r-b.), indin(o'zb.)-indeks(r-b.), etik(o'zb.)-etik (—etikaga oid), ellik(o'zb.)-ellips(r.b.) kabi.

Yuqoridagi kabi tafovutli belgi-xususiyatlar

leksema tarkibidagi undoshlarda ham uchraydi. Xususan: a) ruscha o'zlashmalar tarkibida undoshlarning qattiqlik va yumshoqlik belgi-xususiyatlariga asoslangan talaffuz me'yorlari o'zbek tilida ham saqlanadi: ukol va parol (укол ва пароль), feodal va medal (феодал ва медаль), parad va naryad (парад ва наряд) kabi;

b) ruscha leksemalardagi lab-tish — "v" so'z oxirida jarangsiz — "f" tarzida talaffuz qilinadi, o'zbek tili leksemalarida esa lab-lab — "v" jarangsizlanmaydi. Qiyos qiling: nav (o'zb. < f-t)-ustav>ustaf(r.-b.), birov(o'zb.) aktiv>aktif (r.-b.) va boshqalar;

v) leksema va bo'g'in boshida bir necha undoshning qatorlashib kelishi keng tarqalgan (umumturkiy leksemalarda bu hol uchramaydi): shkaf, tramvay, trolleybus kabi.

Morfologik belgilari: ruscha-baynalmilal leksemalarda prefiks + o'zak (a+morf, de+duksiya), o'zak + suffiks (Bronx +it, jurnal + ist), prefiks + o'zak +suffiks (a+simmetr+iya) tarkibli leksemalar uchraydi. Ruscha-baynalmilal leksemalar tarkibidagi affikslar o'zbek tilida so'z yasamaydi (mikroo'g'it, mikroiqlim, ultratovush kabi kalkalar bundan mustasno). O'zbekiston mustaqillikka erishgach, sobiq ittifoq tuzumiga xos bir qator ruscha-baynalmilal leksemalar (raykom, partkom, gorkom, kolxoz kabilar) eskirib, o'zbek tili leksikasining eskirgan lug'aviy birliklari (istorizmlar) qatoriga o'tib qoldi, ayni paytda yangi ijtimoiy-siyosiy tuzum taqozosi bilan hamda iqtisoddagi va ta'limdagi islohotlar tufayli o'zbek tili leksikasida yangi ruscha-baynalmilal o'zlashmalar paydo bo'ldi: investitsiya, marketing, minimarket, supermarket, test, reyting, litsey, kollej va boshqalar shular jumlasidandir.

Leksema o'zlashtirish

Leksema o'zlashtirish o'zbek tili lug'at tarkibining o'zlashgan qatlamini shakllantiruvchi asosiy manbadir. Bunday o'zlashtirish quyidagi yo'llar bilan amalga oshiriladi:

1.Jonli so'zlashuv orqali. Bunda boshqa til leksemalari o'zbek tiliga mahalliy aholining og'zaki nutqi orqali o'tadi. Masalan, ruscha rami(рамы), klubnika, podnos leksemalari o'zbek tilining jonli so'zlashuvida rom, qulubnay va patnis deb talaffuz qilingan, keyinchalik o'zbek adabiy tiliga ham shu shaklda o'zlashgan.

2.Bosma manbalar orqali. Bunda boshqa tillardagi matnlarning o'zbek tiliga o'girilgan nusxalarini matbuotda chop etish yoki o'zbek tilida yozilgan maqolalarda, ilmiy va badiiy asarlarda boshqa til leksemalarini (ayniqsa, termin va atamalarni) ishlatish orqali bo'ladigan oʻzlashtirish nazarda tutiladi. Matematikadagi katet, gipotenuza, adabiyotshunoslikdagi kulminatsiya, sujet kabi terminlar, ocherk, roman, povest kabi leksemalar shu yoʻl bilan oʻzlashtirilgan.

Leksema oʻzlashtirish usullari ham ikki xil boʻladi:

1.Oʻzicha olish. Bunda boshqa tildan oʻzlashtirilayotgan leksema hech qanday oʻzgarishsiz yoki ayrim (juzʻiy) fonetik oʻzgarishlar bilan olinadi. Mas., gʻoʻza(f-t.), gul(f-t.), poya(f-t), kaptar(<f-t:kabutar); balo(ar.), bilʼaks(ar.), davlat(ar.), muallim(<ar.muaʻʻllimun); direktor (r-b.), rektor(r-b.), institut(r-b.), metro(r-b.), choʻt(<rus.счеты), choʻtka(<rus.щетка) kabi.

2. Kalkalab olish. Bunda boshqa tildagi (mas., rus tilidagi) leksemaning morfemik tarkibidan qismma-qism nusxa olish orqali oʻzbekcha leksema yasaladi va shu leksema bilan boshqa til (mas., rus tili) leksemasining maʼnosi ifodalanadi.

Kalkalashning bu turi toʻliq kalka sanaladi, chunki unda boshqa til leksemasining ifoda materiali oʻzbek tili materiali bilan toʻliq almashtirilgandir. Baʼzan boshqa til leksemasining bir qismi oʻzgarishsiz olinadi, qolgan qismi esa o'zbek tili materiali bilan almashtiriladi. Qiyos qiling: mikroo'g'it<rus. микроудобрение, ultratovush <rus.ультразвук,rekoкdli<rus. рекордный,meshchanlik<rus. мещанство kabi. Kalkalashning bu turi yarim kalka hisoblanadi.

To'liq va yarim kalkalar leksema o'zlashtirilishining grammatik usuli deb ham qaraladi, chunki bunday o'zlashtirish boshqa til leksemalarining ma'noli qismlaridan nusxa ko'chirilishiga asoslanadi. Ammo tilda ba'zan yangi leksema yasalmay, azaldan mavjud bo'lgan birorta leksemaga boshqa til leksemasining birorta ma'nosini —yuklash,— singdirish orqali ham ma'no o'zlashtirilishi ta'minlanadi. O'zlashtirishning bu turi semantik kalka sanaladi. Masalan, **til** leksemasi "so'zlashuv quroli" nomi sifatida ruscha **язык** leksemasiga ekvivalentdir. Ayni shu holat rus tilidagi **язык** leksemasining —asir ma'nosini o'zbektilidagi **til** leksemasi bilan ifodalashga turtki bo'ladi.

O'zbek tilidagi **o'zak** leksemasida —so'zning "o'zagi" ma'nosining paydo bo'lganligi ham ruscha **корень** leksemasining —корень слово ma'nosiga asoslangandir.

Leksema o'zlashtirishni boshqa til leksemasini noo'rin qo'llashdan farqlash kerak. Leksema yoki ma'no o'zlashtirilishi muayyan til leksikasini boyituvchi qonuniy hodisadir, chunki bir til boshqa tildan o'zi uchun zarur bo'lgan leksik-semantik birliklarni o'zlashtiradi. Boshqa til leksemalarini noo'rin ishlatish hodisasi esa g'ayri qonuniydir, chunki o'zbek tilining o'zida biror leksema mavjud bo'lgani holda, uning o'rnida boshqa til leksemasini ehtiyojsiz, maqsadsiz qo'llash tilni boyitmaydi, aksincha, ayrim shaxslarning o'z nutqiga e'tiborsiz qarashinigina aks ettiradi.

Savol va topshiriqlar

1. O'zbek tili leksikasining tarixiy taraqqiyoti jarayonida so'z va leksemalarning qanday atamalari yuzaga kelgan?

2. O'z qatlam qanday so'zlardan tarkib topgan?

3. Rus tilidan so'z o'zlashtirishning ijtimoiy-tarixiy sabablarini ayting.

4. umumturkiy leksemalarning fonetik, semantic va grammatik belgi-xususiyatlari haqida ma'lumot bering?

5. Qanday so'zlar umumturkiyt leksemalar hisoblanadi?

6. Ruscha-baynalmilal so'zlarning so'z turkumlariga munosabatini tushuntiring?

7. Fors-tojik tillaridan o'zlashtirilgan so'z yasovchi arefiks va suffiksning o'zbek tilidagi so'z yasalishida tutgan o'zrni haqida gapiring?

8. Arab tilidan o'zbek tiliga leksemalardan tashqari yana qanday so'zlar o'zlashtirilgan?

9. Leksemani o'zlashtirishning necha xil usuli mavjud?

10. Leksemalarmi kalkalab o'zlashtirish uslulini tushuntiring?

Tayanch tushunchalar

O'z qatlam - o'zbek tili leksikasining umumturkiy va sof o'zbekcha so'zlardan iborat qismi.

O'zlashgan qatlam – boshqa tillardan olingan leksik o'zlashmalar qatlami.

Umumturkiy so'zlar - o'zbek tili lug'at boyligidagi eng qadimgi lug'aviy birliklar.

Sof o'zbekcha so'zlar - o'zbek tilining o'zida yasalgan (nisbatan yangi) leksemalar.

Arabcha o'zlashmalar – arab tilidan o'zlashtirilgan so'zlar.

Fors-tojik so'zlari – fors-tojik tillaridan o'zlashtirilgan so'zlar.

Ruscha-baynalmilal o'zlashmalar – rus tilidan va u orqali boshqa tillardan o'zlashtirilgan so'z va terminlar.

6-mavzu: O'zbek tili leksikasida eskirish va yangilanish jarayonlari

REJA:

1. Leksik istorizm va arxaizmlar

2. Neologik leksema va semema

Tayanch iboralar: onomasiologiya, etimologiya, semasiologiya, arxaizm, istorizm, uzual, okkazional.

Til tizim sifatida uzluksiz harakatda, rivojlanishda bo'lib turadi, bu uning ijtimoiy mohiyatidan kelib chiqadi: til va jamiyat, til va ong, til va tafakkur o'rtasidagi ikki tomonlama aloqadorlik ularning bir-biriga ta'sirini belgilaydi — jamiyatda bo'lib turadigan ijtimoiy-siyosiy jarayonlar, ilmiytexnikaviy taraqqiyot, iqtisodiy va ma'rifiy sohalardagi islohotlar tilning lug'at boyligida yangi-yangi so'z va atamalrning yuzaga kelishini, ayni paytda ma'lum so'z-Ieksemalarning eskirib, tarixiy kategoriyaga aylanishini taqozo qiladi. Bu jarayon tilning lug'at boyligida istorizm, arxaizm va neologizm kabi leksik birliklarni yuzaga keltiradi.

Leksik istorizmlar o`tmish voqeligi bo`lgan narsa-hodisalarning nomlaridir. Masalan: botmon – "O`zbekistonning turli yerlarida turli salmoqqa ega bo`lgan (ikki puddan o`n bir pudgacha) og`irlik o`lchovi"; chaqirim – "1.06 kilometrga teng uzunlik o`lchovi"; cho`ri – "qul xotin", "tutqunlikdagi ayol"; mingboshi – "daha yoki qishloq oqsoqoli, hokimi"; omoch – "ulovga qo`shib yer haydaydigan metal tishli primitiv yog`och asbob" va boshqalar.

Istorizmlar, odatda, uzoq tarixiy jarayonlar davomida yuz beradigan eskirishning mahsuli boladi, ammo ular, ba'zan, qisqa vaqtda paydo bo'lishlari ham mumkin: yaqin o'tmishda (1991-yilgacha) o'zbek tilining faol so'zlari bo'lgan ayrim leksemalarning *(partkom, raykom, gorkom, obkom, kolxoz, sovxoz* kabilarning) hozirgi kunda eskirib, istorizmlar qatoriga qo'shilgani buning dalilidir. Istorizmning muhim belgilaridan biri shuki, uning ifoda plani (nomemasi) va mazmun plani (sememasi) birga eskiradi, binobarin, leksema yaxlit holda hozirgi til birligi bo'lmay qoladi.

Leksik arxaizmlar - hozirgi paytda mavjud bo'lgan voqelikning eskirgan nomi yoki, aksincha, hozirgi tilda mavjud bo'lgan leksemaning eskirgan ma'nosi (sememasi). Demak, eskirish jarayoni leksemaga yaxlit holda yoki uning bir qismiga (ma'nolaridan biriga) aloqador bo'ladi, shunga ko'ra leksik arxaizm ikki turga bo'linadi.

Arxaizm - leksema — hozirgi paytda mavjud bo'lgan voqelikning eskirgan nomi: *lab* (odam organizmidagi a'zolardan birining hozirgi nomi) - *dudoq* (shu a'zoning eskirgan nomi, arxaizm-leksema; *qassob* ("mol so'yuvchi" — hozirgi ma'no) — *sallox* ("mol so'yuvchi" ma'nosidagi eskirgan so'z, arxaizm-leksema: «*Tikka oldiga borib, devkor salloxlarday shoxidan ushlab "bismillohu ollohu akbar», deb ... bo'g'ziga pichoq tortib yubordim, — dedi Shum bola". G'.G'.*); *elchixona* ("bir davlatning boshqa davlatdagi diplomatik vakolatxonasi") — *saforat* ("...diplo- matik vakolatxona" ning eskirgan nomi, arxaizm-leksema); *qo'shin* ("askar", "armiya") - *cherik* ("askar", "armiya" tushunchalarining eskirgan nomi, arxaizm-leksema: *"Andoq qalin cherikka ne ish qila* *olg'ay edi. So'ngicha qovg'unchi bordi, o'zini daryog'a soldi, g'arq bo'ldi".* "Boburnoma"dan: parol ("maxfiy shartli so`z") – o`ron ("parol", "maxfiy shartli so`z" ma`nosidagi arxaizm-leksema: "Ul yurushta ma`hud o`ron alfazi "Toshqand".- "Boburnoma"dan) kabi.

Etimologiya - grekcha (etymon) haqiqat va (logos) ta'limot demakdir. So'zlarning kelib chiqishi, ularning fonetik va semantik tuzilishida davrlar o'tish bilan qanday o'zgarishlar yuz berganligi, qaysi tilga oid so'z ekanligini tekshiradi. Masalan, apelsin so'zi inglizcha apel - olma, sin (chin) Xitoy, ya'ni "Xitoy olmasi" nomini ifodalovchi apelsin tarzida hind-yevropa tillaridan bizgacha yetib kelgan.

Onomosiyalogiya - grekcha (anoma) nom, (logos) ta'limot degan ma'noni anglatadi va hozirgi o'zbek tilshunosligimizda nomshunoslik haqidagi soha hisoblanadi.Bu ta'limot, asosan, atoqli otlarini tekshiradi. Masalan, Safar (safar oyida) Juma (juma kunida) tug'ilgan bolalarga qo'yiladi

Leksikologiya so'zni o'rganar ekan, birinchi navbatda so'zning o'zi va uning mohiyati, belgilari nimalardan iborat ekanligini izohlashga to'g'ri keladi. Borliqdagi predmet, narsa, hodisalar haqidagi tushunishlarni ifoda qilish uchun tovush qobig'iga, semantik tomoniga ega bo'lgan til birligi so'z deyiladi.

So'z bir qancha o'ziga xos shakliy belgilarga ham ega:

-So'z xotiramizda tayyor holda mavjud.

-Nutq jarayonida keraklisini ishlatamiz.

-So'z o'zining tovush qobig'iga ega, uning tovush tomoni fonetikada o'rganiladi.

-So'z gap ichida yoki undan ajratib olingan holda ishlatilishi mumkin.

  Leksikologiya tilshunoslikning semasiologiya, onomasiologiya, etimologiya va frazeologiya kabi bo'limlari bilan hamkorlikda ish ko'radi, bunday hamkorliksiz tilning lug'at boyligidagi leksik-semantik hodisalarni, lug'at tarkibi taraqqiyotiga oid til faktlarini to`g'ri yoritib bo'lmaydi: *semsiologiyada* lug'aviy birliklarning mazmun plani - semantik tarkibi va shu bilan bog'liq masalalar tadqiq qilinadi; *onomasiologiyada* narsa - hodisalarni yoki tushunchalarni nomlash prinsiplari o'r ganiladi; *etimologiyada* so'zlarning kelib chiqishi aniqlanadi; *frazeologiyada* tilning lug'at boyligidagi ko'chma ma'noli turg'un konstruksiyalar - frazemalar hususida bahs yuritiladi.

Tilning leksik, fonetik va grammatik sathlari ham o'zaro bog'liqdir. Fonetik birliklar so'zni borliq tusiga kiritadi, morfemalar yasama so'zlarni shaklantiradi, so'zlarning birikuvchanlik imkoniyatlari, uslubiy vosita sifatidagi xususiyatlari ularning leksik va grammatik ma'nolariga hamda uslubiy semalariga tayanadi. Bular leksikologiyaning fonetika, morfemika, so'z yasalishi, grammatika va uslubshunoslik – stilistika bilan aloqada bo'lishini taqozo qiladi.

Leksikologiyada tilning lug'at boyligi sistema sifatida tadqiq qilinadi, chunki bu boylik so'zlar va iboralarning oddiy, mexanik yig'indisi emas, balki o'zaro aloqada bo'lgan, birining bo'lishi ikkinchisining bo'lishini taqozo qiladigan lug'aviy birliklar va elementlar tizimidir, bu tizimdagi so'z va elementlar yaxlit bir "organism"ning "to'qimalari" va "hujayralari" munosabatida bo'ladi: so'zlarning ifoda va mazmun tomonlari orasidagi aloqalar, leksik ma'no va uning semalari o'rtasidagi butun va qism muno- sabatlari, so'z ma'nolarining paradigmatik va sintagmatik xususiyatlari shundan dalolat beradi. Bu tizimning asosiy birligi so'z ekanligini hisobga olsak, leksikologiyada bevosita so'zning o'zi bilan bog'liq masalalar ham ko'riladi: so'zning til birligi sifatidagi mohiyati, so'z strukturasi (ifoda va mazmun planlari, semantik tarkibi), leksik ma'no va uslubiy semalar, leksik ma'no va etimon, leksik ma'no taraqqiyoti, uzual va okkazional ma'nolar shular jumlasidandir.

Uzual ma'no leksemaning mazmun mundarijasida bir bo'lgan leksik ma'nodir. U til egasi bo'lgan xalq tomonidan tan olingan, demak, ko'pchilikka tushunarli bo'lgan ma'no hisoblanadi. Masalan, tozalamoq leksemasining mazmun mundarijasida quyidagi leksik (uzual) ma'nolar bor:

1) «kir, chang, ifloslik va kabilardan xoli qilmoq» (tish tozalamoq, idishlarni tozalamoq, uyni tozalab supurmoq kabi): Yo'lchi ularga beda tashladi. Keyin kurak va supurgi olib otxonani tozalay boshladi. («Qutlug'qon»dan);

2) «aralashmalardan, keraksiz, ortiqcha narsa va qismlardan xoli qilmoq» (spirtni tozalamoq, dalani g'o'zapoyalardan tozalamoq kabi): Anvar gullarni sug'orish, o'tlarni yulib tozalash vazifasini o'zi bajardi. («Mehrobdan chayon»dan.).

Okkazional ma'no leksemaning tildagi ma'nosiga xos bo'lmagan, ayrim shaxsning (muallifning) nutqiy vaziyatdan kelib chiqib, shu leksema mazmuniga yangicha «tus» berishi natijasida yuzaga keltirilgan sun'iy ma'nodir. U individual xarakterda bo'ladi va faqat kontekstda anglashiladi. [3.1.B.151]

«Ichak uzar hangomalar»dan keltirilgan quyidagi dialogga e'tibor beraylik: Qattiq kayf qilgan er xotinidan iltimos qilyapti:

-Kostyumimni tozalab qo'y.

- Tozaladim.

-Shimimni tozalab qo'y.

-Tozaladim.

- Tuflimni tozalab qo'y.

- Iye, tuflining ham cho'ntagi bormi?

Yuqoridagi matnda tozalamoq so'zining «shin-shiydan qilmoq» ma'nosi kulgiga sabab bo'layotganligini anglash qiyin emas. Aslida bu ma'no tozalamoq leksemasining mazmun mundarijasida yo'q, u asar muallifining uslubiy maqsadda kashf etgan leksik qo'llanishidir. Bunday leksik qo'llanishini (okkazional ma'noni) gul leksemasi misolida ham uchratib turamiz: gul leksemasining to'g'ri («o'simlik guli») va ko'chma («yigitlarning guli», «qizlarning guli») ma'nolari borligi ma'lum, ular shu leksemaning uzual ma'nolari (leksik ma'nolari) sanaladi, chunki gul so'zining bu ma'nolari shu leksemaning semantik tarkibidan barqaror o'rin olgan: Sho'x qiz, shakar qiz, qizlarning guli,

Qoshlaringni ko'rsatgil, men uning quli. («Doxunda»dan.)

Biroq gul leksemasining fan arboblariga nisbatan metaforik qo'llanishi odat bo'lmagan, atoqli yozuvchi Oybekning quyidagi misralarida esa bu so'z ayni shu ma'noda ishlatilgan, demak, uning mazmun mundarijasiga okkazional ma'no tusi berilgan: Fan, san'atning gullari butun, To'plangandi suhbati uchun. Gul leksemasining okkazional ma'noda qo'llanishi quyidagi gapda yanada ko'proq voqe bo'ladi: «Gul yuzing ochib, ey gul, majlisim guliston qil». (Feruz). Demak: a) uzual ma'no til birligi (leksik ma'no), okkazional ma'no esa nutq birligi (leksik qo'llash) sanaladi; b) uzual ma'no (yoki ma'nolar) kontekstgacha shakllangan bo'ladi, okkazional ma'no esa kontekstning o'zida yuzaga keladi, shu kontekst darajasidagina leksemaga biriktiriladi; v) uzual ma'no leksemaning leksemaning biror predmet yoki hodisasi nomlashi bilan bog'langandir (unda oyurazlilik ifodasi bo'lishi ham, bo'lmasligi hammumkin), okkazional ma'no esa nomlamaydi, unda obrazlilik ifodalanadi, xolos; g) uzual ma'no tilning lug'at boyligidan o'rnin oladi, okkazional ma'no esa esa vaqt o'tishi bilan lug'at boyligiga kirib qolishi (hozirgacha kirmagan) potensial imkoniyatdir. Bunday imkoniyat amalga oshishi ham, oshmay qolishi ham mumkin chunonchi, o'girmoq leksemasining tilda quyidagi leksik ma'nolari bor: 1) biror tomonga qaratmoq, burmoq. Ra'no yuzini chetga o'girib, boshidagi ro'moli bilan yuzini artdi, uzun entikdi. («Mehrobdan chayon»dan.); 2) aziz-avliyolarga atab boshi yoki ustida pul yoki biror buyumni aylantirib sadaqa qilmoq: Oftob oyim erining bu so'zini eshtishi bilan Xo'ja Bahoviddin yo'liga o'girib qo'ygan yetti tanga pulini To'ybekaga berib, darrov eshonnikiga jo'natdi. («O'tgan kunlar»dan.). Biroq, o'girmoq leksemasi keyingi yillarda «tarjima qilmoq» ma'nosida ham qo'llanmoqda: Shunisi diqqatga sazovorki, XIX asrlarda rus yozuvchilarining asarlari ham xorijiy tillarda ko'plab tarjima qilina boshlandi. Masalan, XVIII asr va XIX asrning boshlarida yaratilgan rus lirikasi namunalari va "Revizor" komediyasi nemis tiliga, N.V.Gogolning bir qancha nasriy asarlari fransuz tiliga o'girildi. (S.Salomov) Bu nutqiy parchada o'girmoq leksemasining uslubiy qiymati ham yo'q emas: u tarjima qilmoq leksemasining kontekstda ikki marta takrorlanmasligiga erishish (leksik tavtalogiyaga barham berish) maqsadida ishlatilgan, shuning uchun bo'lsa kerak o'girmoq leksemasining «tarjima qilmoq» ma'nosida qo'llanishi asta-sekin odat tusiga kirib bormoqda. Demak, bu leksemaning ana shu okkazional ma'nosi uzual ma'noga o'tish jarayonini boshidan kechirmoqda deyishga asos bor.

Leksik neologizmlar tilda yangi paydo boʻlgan va yangilik boʻyogʻini yoʻqotmagan soʻzlar: internet, marketing, litsenziya va b.har qanday neologizm dastlab ayrim shaxs nutqida voqe boʻladi, bunday paytda u individual nutq neologizmi sanaladi. Masalan; «Bek akangkoYmmay qoldi-ku? dedi qesakpolvon labiga sigaret qistirib. Humkalla choʻntagidan chaqqonlik bilan yoqqich olib unga olov tutdi...» (T.M.) Bu gapda yoqqich soʻzi ruscha zajigalka soʻzining kalkasi tarzida qoʻllangan, uni asar muallifi (Tohir Malik) oʻzi yasagan va oʻzi individual nutq neologizmi sifatida birinchi boʻlib ishlatgan. Demak, bu soʻz hozircha umumtil neologizmi darajasiga koʻtarilmagan, chunki u nutq ixtiyoridan til ixtiyoriga oʻtmagan. Baʼzan ancha ilgari yaratilgan individual nutq neologizmilari ham umumnutq neologizmiga aylanmay qolib ketadi. Buni atoqli yozuvchi Abdulhamid Choʻlpon tomonidan oʻz vaqtida yasalgan ozitqi soʻzi misolida yaqqol koʻrsa boʻladi: «...Har bir ona suti ogʻzidan ketmagan tentak gimnazistni bir «ozitqi» deb bilardi»]2s. Abdulhamid Choʻlpon bu gapdagi ozitqi soʻzini achitqi, qichitqi tipidagi yasalmalai modeliga (qolipiga) suyanib yasagan va uni «yoʻldan ozdiruvchi» (ruscha «soblaznitel») maʼnosida qoʻllagan. Bu nutqiy parchada ozitqi soʻzining yangi lisoniy-badiiy topildiq sifatida alohida estetik qiminat kasb etganligi shubhasiz, ammo u shu matndan tashqariga, umumtil doirasiga chiqqan emas, demak, umumtil neologizmi holatiga oʻtmagan. Bunday holat Oybekning «Nur qidirib» povestidan keltirilgan quyidagi gapda ham kuzatiladi: «... chorrahada, balandlikda qizil sallali, qisqa ishtonli qopqora regulirovshchik-yoʻlbon qoʻllarini ohangdor oʻynatib, koʻcha harakatini boshqaradi».

Umumtil neologizmi til hodisasi, individual neologizm esa uslubiy hodisa sanaladi. Leksikologiyada, asosan, umumtil neologizmi oʻrganiladi.Umumtil neologizmi ham nisbiy hodisadir: til taraqqiyotining maʼlum birbosqichida neologizm boMgan soʻz keyinroq neologizmlik «boʻyogʻi»ni yoʻqotib, zamonaviy leksik qatlam birligiga aylanishi mumkin. Masalan, telefon, televizor, trolleybus, radio soʻzlari dastlabki paytlarda neologizm boʻlgan, hozir esa ularning birortasida yangilik boʻyogʻi saqlanmagan, demak, bu soʻzlar allaqachon neologizmlik holatidan chiqib, qoʻllanishi odat tusiga kirgan leksemalarga aylangan. Bunday holat baʼzan qisqa davr ichida ham yuz berishi mumkin: keyingi 5-10 yil ichida oʻzbek tili leksikasida paydo boʻlgan test, litsey, ball, grant, kontrakt kabi yangi soʻzlarda, shuningdek, hokim, tadbirkor, ishbilarmon soʻzlarining yangi ma'nolarida «yangilik bo'yog'ini yo'qotish», «odat tusidagi so'zga yoki ma'noga aylanish» sur'ati shu daraja tezlashganki, natijada ularni ko'pchil'ik qiynalmay anglaydigan va qo'llaydigan bo'lib qolgan. Demak, bu so'zlar neologizmlik holatidan zamonaviy qatlam birligi holatiga o'tib bo'lgan yoki o'tish jarayonini boshidan kechirmoqda.

So'zning neologizmlik belgisi leksemaga yaxlit holda yoki uning bir qismiga (mas., ma'nolaridan biriga) aloqador bo'ladi, shunga ko'ra leksik neologizm quyidagi ikki turga bo'linadi:

Neologizm-leksema. Bunda leksema yaxlitligicha neologizm bo'ladi: devident, internet, faks, interfaks kabi.Neologizm-semema. Bunda leksemaning o'zi emas, uning ma'nolaridan biri neologizm sanaladi. Bunga ko'k so'zining hozirgi tilda paydo bo'lgan «dollar» ma'nosini niisol qilib ko'rsatish mumkin.Neologizmning yuzaga kelishi quyidagi omillarga tayanadi:

1. Jamiyatda yangi voqelik paydo bo'ladi, bu voqelikni nomlash zarurati esa tilda yangi so'z yoki atamaning yuzaga kelishini taqozo qiladi. Bunda: a) voqelikning nomi boshqa tildan o'zlashtiriladi: komputer, monitoring, slayd kabi; b) voqelikning nomi o'zbek tilining o'zida yasaladi: MDH (mustaqil davlatlar hamdo'stligi) kabi.

2. Jamiyatda yoki tabiatda mavjud bo'lgan voqelikning nomiga sinonim tarzida yangi so'z yasaladi: eskirtma (arxaizm atamasining yangi yasalgan sinonimi), yangirtma (neologizm atamasining yangi yasalgan sinonimi) kabi.

Neologizm hodisasi frazemalar va grammatik birliklar doirasida ham uchraydi.

Savol va topshiriqlar

1. O'tmish voqeligi bo'lgan narsa-hodisalarning nomlari nima deb ataladi?

2. Etimlogiyaga oid misollar keltiring

3. Qaysi ma'no leksemaning tildagi ma'nosiga xos bo'lmagan, ayrim shaxsning (muallifning) nutqiy vaziyatdan kelib chiqib, shu leksema mazmuniga yangicha «tus» berishi natijasida yuzaga keltiradi?

4. Okkazional ma'no turini tushuntiring.

5. Uzual ma'no turini tushuntiring.

6. Leksikologiyaning qaysi jarayonida tilning lug'at boyligidagi ko'chma ma'noli turg'un konstruksiyalar - frazemalar hususida bahs yuritiladi?

7. Semasiologiya bo'limi haqida ma'lumot bering.

Tayanch tushunchalar

Semasiologiya – leksik birliklarning semantik tarkibi va u bilan bog'liq masalalarni o'rganuvchi soha.

Onomasiologiya – leksik birliklarni nomlash va tushuncha anglatish prinsiplari hamda qonuniyatlari haqida ma'lumot beruvchi soha.

Etimologiya – tilshunoslikning so'z va morfemalarning kelib chiqishini o'rganuvchi bo'limi.

Uzual ma'no – leksemaning semantik tarkibida bor bo'lgan leksik ma'no.

Okkazional ma'no – leksemaning tildagi ma'nosiga xos bo'lmagan, ayrim shaxsning leksik qo'llashi natijasida yuzaga keltirilgan sun'iy ma'nosi.

Leksik istorizmlar — o'tmish voqeligining nomlari.

Leksik arxaizmlar - hozirgi paytda bor bo'lgan

voqelikning eskirgan nomi yoki hozirgi tilda mavjud bo'lgan leksemaning eskirgan ma'nosi.

Arxaizm-leksema — leksik arxaizmning bir turi. Unda leksema yaxlit holda eskirgan bo'ladi.

Arxaizm-semema — leksik arxaizmning ikkinchi turi. Bunda leksema yaxlit holda emas, qisman (semantik tarkibidagi ma'nolaridan biri) eskiradi.

Leksik-fonetik arxaizm - talaffuz arxaizmi. Bunda leksemaning tovush tarkibida qisman eskirish yuz beradi.

Leksik neologizm — yangilik bo'yog'i bor bo'lgan leksemalar.

Individual nutq neologizmi - ayrim shaxs nutqida voqe bo'lgan neologizm.

Umumtil neologizmi — nutqiy hodisadan til hodisasiga aylangan neologizm.

Neolgizm-leksema - yangilik bo'yog'iga ega bo'lgan leksema.

Neologizm-semema — tilda azaldan mavjud bo'lgan leksemaning semantik tarkibida yangi paydo bolgan ma'no (semema).

7-mavzu: Leksemalarning ishlatilish doirasi

REJA:

1. Leksemalarda chegaralangan va chegaralanmagan qatlam

2. Dialektlarga xos leksemalar

3. Argotizm, jargonizm va vulgarizmlar

Tayanch iboralar: dialektal, regressiv, progressiv, terminologik, jargon, argon, lug'aviy birlik.

Leksemlar ishlatilish doirasi jihatdan avvalo ikki guruhga bo'linadi: ishlatilish doirasi chegaralanmagan qatlam va ishlatilish doirasi chegaralangan qatlam. Bunday guruhlarga ajralish asosan ot, sifat, ravish va fe'l turkumlaridagi leksemalarga xosdir. Son va olmosh turkumlarida, shuningdek, bog'lovchi, yuklama, va undovlarda ishlatilish doirasi chegaralangan so'zlar yo'q.

Ishlatilish doirasi chegaralanmagan leksemlar o'zbek tilida so'zlashuvchilarning barchasi uchun umumiy bo'lgan, hammaga tushunarli va hammaning nutqida bir xil darajada qoʻllanadigan soʻzlardir: qoʻl, qosh, koʻz, daraxt, meva (otlar); oq, qora, katta, kichik, yaxshi, yomon (sifatlar): tez, oz, koʻp, atayin, joʻrttaga (sifat - ravishlar); yurmoq, oʻqimoq, yozmoq (feʼllar) va boshqalar. Bunday leksemalar umumxalq lugʻaviy birliklari deb ham yuritiladi.

Ishlatilish doirasi chegaralangan leksemalar dialektga, kasb – hunar leksemasiga va jargon – argolarga xos soʻzlardir. Jonli soʻzlashuvda ishlatiladigan vulgarizmlar ham qoʻllanilishi chegaralangan lugʻaviy birliklar sanaladi.

"Qoʻllanilishi chegaralanmagan leksemalarning aksariyati umumturkiy va oʻzbekcha soʻzlardir. Ammo, shu bilan birgalikda, ular orasida oʻzlashmalari ham koʻp. Masalan:

Tojikcha: goʻsht, non, dard, bobo, dugona.

Arabcha: avlod, bilan, inson, sinf, millat.

Dialektal leksika maʼlum hududda yashaydigan hamma kishilar qoʻllaydigan, oʻsha hudud aholisi nutqiga xos boʻlgan soʻzlardir. Bundan tashqari dialektal leksika faqat ogʻzaki nutqqa xosdir. Bu jihatdan u oddiy soʻzlashuv leksikasiga oʻxshab ketadi. Lekin oddiy soʻzlashuv leksikasining qoʻllanilishi doirasi teritoriya jihatdan chegaralangan boʻlmaydi.

Dialektal so'zlar adabiy til leksikasi hisoblanmaydi. "Dialektizm – umumtilga emas, balki shu umumtilning mahalliy ko'rinishlari bo'lgan dialektlarga xos hodisa; Shunga ko'ra bular odatda biror dialektning vakillari nutqida ishlatilib, ko'pincha boshqa dialektlarning vakillariga, shuningdek, adabiy tilga ham xos bo'ladi. [4.3.B.17-18]

Dialektizm asosan uch turli:

-Lug'aviy dialektizm – lug'aviy birliklardagi turi.

-Grammatik dialektizm – grammatik hodisalardagi turi (masalan, ba'zi dialektlarda o'rin ma'nosi uchun – ga, aksincha, jo'nalish ma'nosi uchun –da ishlatilishi kabi).

-Fonetik dialektizm – tovush talaffuzi va tovush o'zgarishiga bog'liq turi (masalan, ovoz tovushlarining ba'zi dialektlarda cho'ziqroq va yumshoqroq talaffuz qilinishi, ayrim dialektlarda bir tovush o'rniga boshqa tovushning kelishi va boshqalar).

Hozirgi o'zbek tilining ham qishloq, tuman va viloyatlaridagi shevalari farqlanadi. Masalan, sut beradigan qoramolni turli shevalarda sigir – siyir – sig'ir – mol – inak; tomga oyoq qo'yib chiqadigan asbobni narvon – shoti – zangi (zanggi) deb ataydilar. Shuningdek, kepchik – zog'ama – yelpishtovoq; keli – o'g'ir – so'ki; qalampir – garmdori – buruch; nonpar – nompar – chekich – chakich – tikach – bejak kabi turli shakllarda ishlatiladigan predmet nomlari bo'yicha juda ko'p misollar keltirish mumkin. Bu hol O'zbek tilining nihoyatda boy so'zlar xazinasiga ega ekanligining yaqqol dalilidir

Dialektal so'zlar qo'llanilish jihatdan ikki guruhga bo'linadi:

Progressiv dialektizmlar. Regressiv dialektizmlar.

Progressiv dialektizmlarning tilda ekvivalenti bo'lmaydi. Predmet yoki hodisaning yagona ifodasi sifatida adabiy tilga o'zlashib, adabiy tilni yangi so'z bilan boyitadi.

Regressiv dialektizmlarning esa tilda aniq ekvivalenti bo'ladi: og'iz – ovuz, buzoq – buzov.

Kasb-hunar leksikasi ijtimoiy mehnatning u yoki bu turiga, ishlab chiqarish, ilm-fan, adabiyot-san`at va hokazo sohalarga oid narsa-hodisa hamda tushuncha nomlaridir: degrez – qozon, omoch tishi va boshqa cho`yan asboblar quyuvchi usta, kavshar – metal buyum, detal va sh.k.ni bir-biriga ulash uchun ishlatiladigan metal yoki qotishma, changchi – urug`chi, gultoj (botanikaga oid tushuncha nomlari) kabi. Bular tilshunoslikda professionalizmlar yoki professional leksika deb ham ataladi.

Professional leksikaning ilm-fanga, texnikaga, adabiyotga oid qismi terminlar deb ham nomlanadi: fonema, morfema, semema (tilshunoslik terminlari), tengens, sinus, teorema, katet (matematika terminlari) kabi.

Kasb-hunar leksikasi (professionalizmlar), asosan, muayyan sohaga oid og`zaki va yozma matnlarda faol qo`llanadi, umumtil doirasida esa ular ancha passiv bo`ladi. Bunday qatlam leksemalarining ishlatilish doirasidagi chegaralanish shu bilan belgilanadi.

Terminologik leksikani professional va ilmiy terminlar tashkil etadi. Ilm-fan, texnika, qishloq xo'jaligi va boshqa sohalarga oid tushunchalarning aniq atamasi bo'lgan so'z yoki so'z birikmasi termin deyiladi. Har bir fan, kasb-hunar o'z terminlariga, shu terminlar jamidan iborat leksikasiga ega. Bunday maxsus leksika terminologiya deb ham yuritiladi: fizika terminologiyasi, lingvistik terminologiya kabi.

Terminlar muayyan bir sohaga oid tushunchalarni aniq ifoda etuvchi so'zlar bo'lsa-da, lekin bu so'zlarning qo'llanilishi shu soha kishilari doirasi bilan chegaralangan bo'lishi shart emas. Bunda ikki holatni ko'rish mumkin:

1) Terminlarning ma'nosi sohaga aloqasi bo'lmagan kishilar uchun ham tushunarli bo'ladi va ular tomonidan ham qo'llanilaveradi. Masalan: botanikaga oid bug'doy, paxta, o'rik, g'o'za uzum, nok; sana'atshunoslikka oid sahna, afisha, aktyor;

2) Terminlarning ma'lum qismi shu termin oid bo'lgan soha kishilari uchun tushunarli bo'ladi va shular nutqida qo'llanadi: tilshunoslikka oid morfema, fonema, urg'u, o'zak; ximiyaga oid oksidlar, indikator kabi.

Terminlar kasb-hunarga, ilm-fanga doir tushunchalarni ifodalashiga ko'ra asosan, ikki katta turga: *ilmiy terminlar va professional terminlarga* ajraladi.

Professional terminlar: ovchilik, chorvachilik, kulolchilik, duradgorlik, binokorlik, poyabzaldo'zlik, naqqoshlik, kashtachilik va shu kabi sohalarga oid tushunchalar, o'zlariga xos so'zlar (terminlar) bilan ifodalanadi. Ma'lum kasb – hunarga va mutaxassislikga oid monosemantik so'zlar professional terminlar sanaladi.

Ilmiy terminlar fan, san'at va adabiyot va boshqa sohalarga oid terminlar. Har bir fan o'ziga xos terminlarga ega.

Jargonlar va argonlar – biror argo yoki

jargonga xos leksemalar. Agro va jargonlar biror ijtimoiy guruh yoki toifalarning, masalan, sportchilar, oʻgʻrilar, olibsotarlar, poraxoʻrlar va boshqalarning "yasama tili"dir. Shuning uchun argo va jargonlar ijtimoiy dialektlar deb ham yuritiladi.

Argotizmlar yashirin ma'no ifodalaydi. Masalan, otarchilar orasida – yakan ("pul"), ichuvchilar orasida – novcha ("araq"), qizil ("vino") kabi.

Jargon va argonlarga bir qancha tariflar berilgan:

"Biror kasb-kor egalari nutqida yoki ijtimoiy tabaqa vakillari nutqida ishlatilib, umumtildagidan oʻzgacha leksik ma'no anglatuvchi lugʻaviy birlik jargonizm deyiladi (fr. jargon – "lahja"). Jargon asli bir qancha leksemalarning yigʻindisidan iborat boʻlib, bular shu tildagi leksemalarning oʻzi boʻladi yoki boshqa tildan olib ishlatiladi. Jargonda bunday leksema umumtildagi leksik ma'nosida emas, oʻzgacha ma'noda ishlatiladi. Masalan, ishlar besh. Akang gapni qiyadi kabi jumladagi besh -, qiy – leksemalari shu ishlatilishida jargonizm boʻladi.

Argolizm ham asli jargonizmning bir koʻrinishi boʻlib, tarbiyasi buzuq, qoʻli egri shaxslar orasidagi shu guruhning o'zigagina tushunarli ma'noda ishlatiladigan leksemalar yig'indisidan iborat (fr. argot – "lahja"). Masalan, loy – (pul ma'nosida), xit – (xavf ma'nosida)".

"Qiziqishlari, mashg'ulotlari, yoshlari bir xil bo'lgan juda tor doiradagi kichik – kichik ijtimoiy guruh va to'dalar, o'zlariga xos didlar va talablari yoki ichki zaruriyat hamda ehtiyojlaridan farqli bo'lgan alohida so'z va iboralarni ishlatadilar. Bunday so'z va iboralar jargonlar deyiladi".

Savol va topshiriqlar

1. O'zbek tili leksikasi tasnifi turlari haqida gapiring.

2. O'zlashgan qatlam nima? Misol keltiring.

3. O'z qatlam so'zlari haqida gapiring.

4. Qoilanishi chegaralangan so'z haqida gapiring.

5. Qoilanishi chegaralanmagan so'z haqida gapiring.

6. Zamonaviy so'z nima? Misol keltiring.

7. Eskirgan so'z haqida gapiring.

8. Tarixiy so'z haqida gapiring va misol keltiring.

9. Arxaik so'z haqida gapiring va misol keltiring.

10. Yangi so'z haqida gapiring, misol keltiring.

11. Shevaga xos so'z haqida gapiring va misol keltiring.

12. Termin (atama) haqida gapiring va misol keltiring.

13. Jargon haqida gapiring va misol keltiring.

14. Argo haqida gapiring va misol keltiring.

Tayanch tushunchalar

Dialektal – tilning dialect va shevalariga xos - fonetik yoki ma'no jihatdan adabiy tildan farq qiladigan so'zlar.

Regressiv – (lot. regressio – orqaga qarab harakatlanish). keying tovush ta'siri bilan oldingi tovush o'zgarib, u bilan o'xshashlik kasb etishi.

Progressiv – (lot. progressio – oldinga qarab harakatlanish). Oldingi tovush ta'sirida keyingi tovushning o'zgarib, u bilan o'xshashlik kasb etishi.

Terminologik – atama (termin)lardan iborat leksika

Jargon – biror guruh vakillarining o'z nutqi bilan ko'pchilikdan ajralib turish maqsadida, o'zicha mazmun berib ishlatadigan so'z va iboralar.

Argon - yasama til. Biror ijtimoiy guruhx, toifaning (masalan, talabalar, sportchilar, o'g'rilar va b.) O'ziga xos, boshqalar tushunmaydigan lug'aviy birliklardan «iborat yasama tili. Masalan, kolxoz — chiptasiz yo'lovchilar (haydovchilar tilida).

8-mavzusi: O'zbek tili frazeologiyasi

REJA:

1. Frazeologiya

2. Frazeologizmning semantik strukturasi

3. Frazeologik monosemiya va polisemiya

Tayanch iboralar: frazeologiya, monosemiya, polisemiya, frazema, frazeologik butunlik, semantik, frazeologik chatishma.

Frazeologiya (grekcha. phrasis – ifoda va logos –

ta'limot) atamasi ikki ma'noda ishlatiladi:

1) til frazeologik tarkibini o'rganuvchi tilshunoslik sohasi;

2) shu tilning frazeologizmi majmui.

Frazeologiyaning o'rganish predmeti frazeologizmning tabiati va substansional xususiyatlari hamda ularning nutqda amal qilish qonuniyatidir. Frazeologizm til hodisasi sifatida lison va nutqqa daxldor birlikdir. Birdan ortiq mustaqil leksema ko'rinishining birikuvidan tashkil topib, obrazli ma'noviy tabiatga ega bo'lgan lisoniy birlik frazeologizm deyiladi: [tepa sochi tikka bo'ldi], [sirkasi suv ko'tarmaydi], [o'takasi yorildi], [do'ppisi yarimta], [ikki gapning birida], [boshga ko'tarmoq] va boshqa.

Frazeologizm ibora, frazeologik birlik, turg'un birikma, barqaror birikma, frazeologik birikma atamalari bilan ham yuritiladi.

Frazeologiya leksikologiya bo'limining tarkibiy qismidir. Frazeologizm tashkil etuvchisiga ko'ra qo'shma leksema, so'z birikmasi va gapga o'xshaydi. Biroq ular ko'proq qo'shma leksema kabi til jamiyati ongida tayyor va barqaror holda yashaydi. Boshqacha aytganda, frazeologizm lisonda barcha lisoniy birliklarga xos bo'lgan umumiylik tabiatiga ega va nutqda xususiylik sifatida namoyon bo'ladi. [6.B.150-151]

Frazeologizm lug'aviy birlik bo'lganligidan u nutq jarayonida gap tarkibida bir mustaqil so'z kabi harakat qiladi - bir gap bo'lagi yoki kengaytiruvchi sifatida keladi:

1. Madamin bo'yniga qo'yilgan aybnomadan tamom hovuridan tushdi.

2. Stol yoniga kelguncha uning boshi aylanib ketdi. (S.Zunnunova)

3. Qosh qo'yaman deb ko'z chiqaradigan bunday hodisalar hali ham onda-sonda ro'y berib turibdi.

4. Kavushini to'g'rilab qo'yish kerak. (A. Muxtor)

1- va 2- gaplarda frazeologizmlar gap markazi - kesim mavqeyida, 3 gapda so'z kengaytiruvchisi aniqlovchi va 4-gapda butun bir egasiz gap vazifasida kelgan.

Frazeologizm tashqi ko'rinishi jihatidan so'z birikmasi yoki gap ko'rinishida bo'ladi. So'z birikmasi ko'rinishidagi frazeologizm: [ko'ngli bo'sh], [enka-tinkasini chiqarmoq], [jig'iga tegmoq], [bel bog'lamoq], [kir izlamoq], [terisiga sig'may ketmoq] va h. Gap tipidagi frazeologizm "gap kengaytiruvchisi+kesim" qolipi mahsuli:

[istarasi issiq], [ichi qora], [labi-labiga tegmaydi], [ko'ngli ochiq], [tarvuzi qo'ltig'idan tushmoq], [kapalagi uchib ketdi], [po'konidan el o'tmagan], [tepa sochi tikka bo'lmoq) va h.k.

Ayrim leksik birliklar frazeologizmning tadrijiy taraqqiyoti mahsulidir: [dardisar], [toshbag'ir], [boshog'riq]. Demak, leksema hosil bo'lish manbalaridan biri - frazeologizm.

Frazeologizm, asosan, belgi va harakat ifodalaydi. Demak, ular grammatik jihatdan belgi yoki harakat bildiruvchi so'z turkumiga mansub.

Fe'l turkumiga mansub frazeologizmlar: (me'dasiga tegmoq, [yaxshi ko'rmoq], [holdan toymoq], [sabr kosasi to'lmoq], [tepa sochi tikka bo'lmoq), [og'ziga talqon solmoq), [podadan oldin chang chiqarmoq].

Sifat turkumiga mansub frazeologizm: (ko'ngli bo'sh], [rangi sovuq], [yuragi toza], [avzoyi bejo], [dili siyoh], [kayfi buzuq]. Ravish turkumiga mansub frazeologizm: [ipidan-ignasigacha], [ikki dunyoda ham], [miridan-sirigacha], [ha-hu deguncha).

So'z - gaplarga mansub frazeologizm: [turgan gap], [shunga qaramay], [katta gap]. Frazeologizmlar tilshunosligimizda muayyan so'z turkumi bo'yicha tasnif qilinmagan va grammatik xususiyati yetarli darajada oʻrganilmagan. Frazeologizm leksik birlik kabi qoʻllanish darajasi nuqtayi nazaridan ham tasnif qilinadi. Bunga koʻra umumiste'mol frazeologizmi ([holdan toymoq], [shunga qaramay], [roʻyobga chiqmoq]) va qoʻllanilishi chegaralangan frazeologizm farqlanadi. Qoʻllanilishi chegaralangan frazeologizm qoʻllanilish davri (eskirgan va zamondosh) va doirasi (dialektal, ilmiy, badiiy soʻzlashuv) bilan ham ma'lum bir tafovutlarga ega:

- eskirgan frazeologizm: [alifni kaltak demog], [aliflayloni bir choʻqishda qochiradigan], [dastin aliflom qilib, kallasini xam qilib, [yeng silkitmoq];

- dialektal frazeologizm: [alagʻda boʻlmoq] (xavotir olmoq), [koʻngli tob tashladi] (ezildi), [halak boʻlmoq] (ovora boʻlmoq), [qumortqisi quridi] (intiq boʻlmoq);

- ilmiy frazeologizm: [nazar tashlamoq], (koʻzga tashlanmoq}, {chambarchas bogʻlanmoq], [toʻgʻri kelmoq], [imkoniyatlar doirasi], [qulay qurshov};

- badiiy frazeologizm: [sabr-kosasi toʻlmoq], [ogʻzining tanobi qochmoq], [ogʻzidan bodi kirib, shodi chiqmoq], [gildan qiyiq axtarmoq], [six ham kuymasin, kaob ham], [boshida yongʻoq chaqmoq];

-so'zlashuv nutqi frazeologizmi: jarpasini xom o'rmoq], [yerga urmoq], [yuragi qon], [ko'zi tor], [ko'zi och], [boshi ochiq]. Frazeologizmning aksariyati badiiy va so'zlashuv nutqiga xos.

Frazeologizmning semantik strukturasi

Frazeologizm ikki yoqlama lisoniy birlik, shakl va mazmunning dialektik birligidan iborat. Frazeologizmning shakliy tomonini so'z (leksema emas) tashkil qiladi. Ularning mazmuniy tomoni frazeologik ma'nodir. Frazeologik ma'no o'ta murakkab tabiatli, leksemada bo'lgani kabi ayrimi denotativ tabiatli bo'lsa, boshqalari grammatik ma'noga ega, xolos. Masalan, mustaqil so'z turkumiga kiruvchi frazeologizm: (burgaga achchiq qilib, ko'rpaga o't qo'ymoq, tarvuzi qo'ltig'idan tushmoq; ko'ngli bo'sh; hash-pash deguncha) denotativ ma'noga ega bo'lsa, turgan gap, shunga qaramay kabi nomustaqil frazeologizmlar faqat grammatik vazifa bajaradi.

Odatda, frazeologizmning ma'nosi bir leksema ma'nosiga teng deyiladi. Biroq hech qachon ular teng emas. Chunki frazelogizm va leksema ma'nosi teng bo'lsa edi, unda frazeologizm ortiqcha bo'lib qolar edi. Misol sifatida [yoqasini ushlamoq] frazeologizmi bilan [hayron bo'lmoq] leksemasining ma'nolarini qiyoslab ko'raylik. Mazkur frazeologizm "kutilmagan, tushunib bo'lmaydigan narsa yoki hodisadan o'ta darajada ta'sirlanib, taajjublanmoq" bo'lsa, [hayron bo'lmoq] leksemasi "kutilmagan, tushunib bo'lmaydigan narsa yoki hodisadan ta'sirlanmoq" sememasiga ega. Har ikkala ma'noda ham kishi ichki ruhiy holati (denotat) aks etgan. Biroq frazeologizm ma'nosida "o'ta darajada" va "so'zlashuv uslubiga xos", "bo'yoqdor" semalariga egaligi bilan "hayron bo'lmoq" leksemasidan farqlanadi. Demak, frazeologizmning ko'pincha, ifoda semalarida obrazlilik, bo'yoqdorlik bo'rtib turadi. Umuman olganda, frazeologik ma'no torroq va muayyanroq, leksema ma'nosi esa unga nisbatan kengroq va mavhumroq bo'ladi. Masalan, [hayron bo'lmoq] leksemasi umumuslubiy va bo'yoqsiz. Shuning o'ziyoq barcha uslubda qo'llanish imkoniga egaligini va turli bo'yoqlar bilan ishlatish mumkinligini ko'rsatadi.

Ko'rinadiki, frazeologizm va leksema bir narsa yoki hodisani atasa-da (atash semelari bir xil bo'lsa-da), ifoda bo'yoqlari bilan keskin farqlanib turadi (ya'ni ifoda semalari turlichadir).

Frazeologizm birdan ortiq mustaqil so'zdan tashkil topadi. Biroq uning ma'nosi tashkil etuvchi ma'nolarining oddiy yig'indisi emas. Masalan, [qo'yniga qo'l solmoq] frazeologizmining ma'nosi [qo'yin], [qo'], [solmoq] leksemalari ma'nolari sintezi yoki qo'shiluvchi emas. Frazeologizmning ma'nosi tashkil etuvchi so'z to'la yoki qisman ko'chma ma'noda ishlatilishi natijasida hosil bo'ladi. Masalan, birovning fikrini bilishga urinish harakati uning 'qo'ynini titkilab, nimasi borligini bilishga intilish harakatiga o'xshaydi. Natijada, qo'yniga qo'l solmoq erkin birikmasi o'zidan anglashilgan mazmunga o'xshash bo'lgan boshqa bir mazmunni ifodalashga ixtisoslashadi va qurilma frazeologizmga aylanadi. Yoki kishi qo'ltiqlab ketayotgan tarvuzini tushirib yuborsa, qanday ahvolga tushadi? Biror narsadan ruhiy tushkunlikka tushgan odamning holati shunga monand va erkin birikma frazeologizm mohiyatiga ega bo'lgan. But mantiqiyligidan dalolat beradi.

Frazeologizm tarkibidagi ayrim so'zning ko'chma ma'noda, boshqalarining o'z ma'nosida qo'llanilishi natijasida ham vujudga kelishi mumkin. Masalan, [aqlini yemoq], [ko'zini bo'yamoq], [ko'zi ko'ziga tushdi], [og'zi qulog'ida] frazeologizmlarida (aq), (ko'z), (og'iz) so'zlari o 'z ma'nosida, (yemog), (bo yamoq), (tushmoq), (qulog'ida) so'zlari ko'chma ma'noda.

Ba'zan harakat-holatning natijasini ifodalovchi qurilma frazeologizmga aylanadi. Masalan, kishi afsuslanishi natijasida barmog'ini tishlab qolishi mumkin. Shuning uchun barmog'ini tishlab qolmoq qurilmasi frazeologik qiymat kasb etgan. Tishni tishga qo'ymoq, tepa sochi tikka bo'lmoq, labiga uchuq toshmoq iboralari ham shular jumlasidandir. [6.1. B.152-154]

Ayrim frazeologizm turli diniy aqida, tushuncha, rivoyat asosida ham shakllanadi:

1. Uning eriga mening ko'zim tekkan emish.

2. Hammani qo'yib, sizning soldat o'g'lingizga tegaman deb ko'zim uchib turibdimi?

3. "Jabrdiyda" ning ham, guvohlarning ham dumi xurjunda gaplari shunday savollar berilishini talab etardi.

Frazeologizm, asosan, bir ma'nolidir. Ammo polisemantiklik frazeologizmda ham uchrab turadi. Masalan, [aqli yetadi] frazeologizmi "idrok qilmoq", "ishonch hosil qilmoq" ma'nosiga, [bo'yniga qo'ymoq] iborasi 3 ta – "aybni birovga to'nkamoq", "isbotlab e'tirof qildirmoq", "biror ishni bajarishni birovning zimmasiga yuklamoq" ma'nolariga, [qo'lga olmoq) iborasi esa 4 ta "o'z ixtiyoriga o'tkazmoq", "qo'qqisdan hujum qilib bosib olmoq", "qamash maqsadida tutmoq", "biro. yo'l bilan o'z xohishiga bo'ysunadigan qilmoq" ma'nolariga ega.

Frazeologik polisemiyada barcha ma'no ko'chma bo'lganligi bois, ularni bosh va hosila ma'nolarga ajratish qiyin.

Frazeologizmlarda semantik munosabat. Leksikada bo'lgani kabi frazeologiyada ham lisoniy-semantik munosabat amal qiladi.

Frazeologik sinonimiya. Ma'nodoshlik hodisasi frazeologizmlarda ham mavjud. Frazeologizmning ma'nodoshlik paradigmasida birliklar ifoda semalari darajasiga ko'ra farqlanadi: [yaxshi ko'rmoq] - [ko'ngil bermoq], [yer bilan yakson qilmoq] [kulini ko'kka sovurmoq], [ipidan ignasigacha] [miridan sirigacha], [qilidan - quyrug'igacha] va h. Ma'nodosh frazeologizmlarning atash semasi bir xil bo'ladi. Masalan, [ipidan ignasiga] - [miridan sirigacha], [qilidan quyrug'igacha] kabi iboralarida butun tafsiloti bilan atash semasi umumiy. Ammo ular uslubiy xoslanganlik va bo'yoqdorlik darajasini ifodalovchi semalari bilan farqlanadi.

Sinonim frazeologizmlarni frazeologik variantdan farqlash lozim. Sinonim iboralarda ayni bir so'z bir xil bo'lishi mumkin. Lekin qolgan so'zlar sinonim leksemaning ko'rinishlari bo'lmasligi lozim. [Jonini hovuchlab] va yuragini hovuchlab] iboralarida bir xil so'z mavjud. Ammo [jon] va [yurak] so'zlari sinonim leksema ko'rinishi emas. [Ko'ngliga tugmoq] va yuragiga tugmoq] iboralari frazeologik variant.

Frazeologik antonimiya. Zid ma'noli antonimlar bir-biriga teskari tushunchani ifodalaydi. Misollar: [ko'ngli joyiga tushdi] - [yuragiga g'ulg'ula tushdi], [qoni qaynadí] [og'zi qulog'iga yetdi].

Frazeologizmdagi darajalanish, giponimiya, funksionimiya, iyerarxionimiya kabi semantik munosabatlar o'z tadqiqotini kutmoqda.

Frazemaning ifoda plani

Frazemaning ifoda plani deganda uning tovush tomoni, leksik tarkibi, birikmaga yoki gapga teng konstruksiyasi nazarda tutiladi. Masalan: ko'ngulni olmoq (birikmaga teng), ko'zlari qinidan chiqib ketdi (gapga teng), boshi qotdi (gapga teng), ensasi qotdi (gapga teng) kabi. Frazemalar orasida qo'shma gapga teng qurilishli turg'un konstruksiyalar ham uchraydi: "qor yog'ib, izlar bosildi" kabi. Frazemalar tarkibidagi so'zlarning bog'lanishi erkin birikma yoki gap tarkibidagi so'zlarning bog'lanishidan farq qilmaydi: ularning barchasida so'zlar tobelanish asosida bog'lanadi, biroq: a)erkin birikmadagi yoki gapdagi bog'lanish nutq jarayonida, nutq bilan bir paytda sodir bo'ladi; frazemadagi bog'lanish esa nutq paytidan ancha avval yuzaga kelib, turg'nlashib qoladi, inson xotirasida va tilda yaxlitligicha saqlanadi; b) erkin birikmadagi yoki gapdagi so'zlarni so'zlovchi o'z ixtiyori bilan almashtira oladi: "keng ko'cha" birikmasi o'rnida "tor ko'cha" birikmasini, "men o'qiyman" gapi o'rnida "men ishlayman" gapini qo'llashi mumkin, ammo "yulduzni benarvon urmoq" birikmasi o'rnida "yulduzni narvonsiz urmoq" , "yulduzni shotisiz urmoq", "yulduzni beshoti urmoq" birikmalari qo'llanmaydi.

Shuni ta'kidlash lozimki, har qanday turg'un birikma frazema bo'lavermaydi. Masalan, Birlashgan Millatlar Tashkiloti birikmasi turg'un konstruksiyadir, ammo to'g'ri ma'noli turg'un konstruksiya bo'lganligdan frazema hisoblanmaydi. Frazema yaxlit holda ko'chma ma'no ifodalashi shart. Frazemalarning ifoda planida leksemalardan tashqri, yordamchi so'zlar (ko'makchilar) va turli forma yasovchi morfemalar qatnashishi mumkin. Masalan, ochiq yuz bilan (bu frazemaning ifoda planida "bilan" ko'makchisi qatnashgan), dam olmoq (bu frazemaning ifoda planida "-moq" morfemasi ishtirok etgan). Keltirilgan misollarda ko'makchi va affiksal morfema frazemalarning doimiy belgilari hisoblanadi, chunki ular shu frazemalarning ichki grammatik qurilishiga mansubdir.

Frazemalarning semantik tarkibidagi turkum semalari

Bu semalar frazeologik ma'noga tayanadi. Masalan: aravani quruq olib qochmoq (fe'l frazema), arpasini xom o'rmoq (fe'l frazema), ammamning buzog'iday (sifat frazema), bag'ri qattiq (sifat frazema), bir og'iz (ravish frazema), bir og'izdan (ravish frazema), to'rt ko'z bilan (ravish frazema), tomdan tarasha tushganday (ravish frazema) kabi. [7.B.120-121]

Frazeologik monosemiya

Frazeologik monosemiya -frazemaning semantik tarkibida bitta frazeologik ma'noning bo'lishi. Chunonchi, ko'ngilga qo'l solmoq frazemasining semantik tarkibida "yashirin fikr - o'yni bilishga harakat qilmoq" ma'nosidan boshqa frazeologik ma'no yo'q: "Rizaning yuragiga qo'l solib ko'rgan Muhiddin uning javobidan xursand bo'ldi." (R.F.). "Kechagi ishdan maqsadim u yerdagi xotinlarning ko'ngliga qo'l solib ko'rish, undan keyin o'zimga ba'zi bir ishonchliroqlarini tanlab olish edi." (S.Z.). keltirilgan gaplarning birinchisida ko'ngliga qo'l solmoq frazemasining variatsiyasi - "yuragiga qo'l solib ko'rmoq" ishlatilgan, har ikki holda ham bitta frazeologik ma'no – "yashiri fikr-o'yini bilishga harakat qilmoq" nazarda tutilgan.

Frazeologik polisemiya

Frazeologik polisemiya –frazemaning semantik tarkibida ikki yoki undan ortiq frazeologik ma'noning bo'lishi. Masalan: boshi(m) aylandi frazemasining semantik tarkibida ikkita frazeologik ma'no bor: 1) "Behud bo'lmoq" ma'nosi: stol yoniga kelguncha uning boshi aylanib ketdi. "Muncha darmonsiz bo'lmasam", - o'yladi u". (S.Z.); 2) "Esankiramoq" ma'nosi: "… muloyim qarab qo'yishlarini, … jilmayib gapirishlarini sezardim, buning hammasidan boshim aylanardi". (O.Yo.). Leksemalarda bo'lganidek, frazemalarda ham polisemiya hodisasi ma'no ko'chish qonuniyatlariga asoslanadi.

Savol va topshiriqlar

1. Frazeologizmlarda semantik munosabat haqida gapiring.

2. Frazeologiya va frazeologizmning ma'noviy butunligi nimada?

3. Frazema nima?

4. Frazemaning ifoda planini qanday tushunasiz?

5. Frazeologik monosemiya va polisemiya hodisalari qanday farqlanadi?

6. Frazemalar erkin birikmalardan va to'g'ri ma'noli turg'un birikmalardan qanday farqlanadi?

7. Frazemaning mazmun plani haqida ma'lumot bering.

8. Frazeologik ma'no nima? U leksik ma'nodan nimasi bilan farqlanadi?

9. Frazemalardan nutqda qanday maqsadlarda foydalaniladi?

10. Frazemaning qanday semantik turlari bor?

11. Frazemalaming shakl munosabatini qanday tushunasiz? Ma'no munosabatini-chi?

12. Frazeologik omonimiya va frazeologik paronimiya qanday farqlanadi?

Tayanch tushunchalar

Frazeologiya – (yun. phrasis – ibora + logos – bilim, tushuncha). Tilshunoslikning muayyan tilgagina xos bo'lgan frazeologizm (frazema)larni o'rganadigan sohasi.

Monosemiya – bir ma'nolilik.

Polisemiya - ko'p ma'nolilik.

Frazema - ekspressivlikning darajalanishini birgina frazemaning turli o'zgarishlar bilan qo'llanishida ham ko'rish mumkin.

Frazeologik butunlik - ma'nosi tarkibidagi so'zlarning ma'nolari asosida izohlash mumkin bo'lgan frazeologik birliklar.

Semantik – (fran. Semantique < yun.semanticos – ifodalovchi). Til birliklarining mazmun, ma'no tomoni.

Frazeologik chatishma – ma'nosi tarkibidagi so'zlarning ma'nosidan kelib chiqmaydigan, hatto unga zid ma'no ifodalaydigan frazeologik birliklar.

Frazeologik omonimiya – frazeologik birliklar o'ztasidagi omonimiya.

Frazeologik sinonimiya – frazeologik birliklar o'rtasidagi sinonimiya.

9-mavzu Leksikografiya haqida ma'lumot

REJA:

1. Leksikografiyaning maqsad va vazifalari

2. O'zbek lug'atchiligi tarixidan qisqacha ma'lumot

Tayanch iboralar: leksikografiya, metodika, lug'at, fonetik-fonologik, leksik-semantik, lingvogeografik, dialektologik.

Leksikografiya tilshunoslikning lug'atchilik bilan shug'ullanuvchi sohasidir.

Lug'atlar tildagi leksemalarni, frazemalar, maqol-matallar va turli nomlarni ma'lum tartibda o'z ichiga olgan kitoblardir. Bunday lug'atlar o'tmishda qo'lyozma shaklida ham bo'lgan. Leksikografiyaning vazifa doirasiga quyidagilar kiradi:

a) lug'at tuzish prinsiplari va metodikasini ishlab chiqish;

b) lug'at tiplari va turlarini aniqlash;

d) lug'atshunoslarning ishini tashkil qilish;

e) lug'at tuzish uchun asos bo'ladigan kartoteka fondini yaratish;

f) lug'atchilik tarixini o'rganish;

g) lug'at tuzish bilan shug'ullanish.

Lug'atchilikning nazariy va amaliy tomonlari bor. Lug'at tuzishning ilmiy asoslari va tamoyillarini ishlab chiqish, lug'at tiplarini belgilash, uni yaratish usullarini asoslab berish bu sohaning nazariy masalalari bo`lib hisoblanadi. Tilning so'z boyligini to'plash, lug'at tuzish uchun kartotekalar tuzish va ularni tartibga solish kabilar lug'atshunoslikning amaliy tomonidir.

So'zlarning ma'lum bir maqsad asosida to`plangan va tartibga solingan hamda alfavit tartibida joylashtirilgan yig`indisi lug'at deyiladi. Lug'atlar kitob shaklida yoki boshqa shaklda (chunonchi, qo`lyozma shaklida) bo`lishi mumkin. Lug'atlar ma'lum bir tilning so'z boyligini aniqlashda, ularning ma'nolari va yozilishlarini ko'rsatib berishda, nutq madaniyatini ko'tarishda, umuman kishilarning madaniy hayotida katta ahamiyat kasb etadi.

Leksikografiya muhim ijtimoiy vazifani bajaradi.

Bular quyidagilarda ko'zga tashlanadi:

1) ona til ini va boshqa tillami o'rgatish;

2) ona tilini tasvirlash va me'yorlashtirish;

3) tillararo munosabatlami ta'minlash;

4) til leksikasini ilmiy tekshirish vatalqin qilish.

Lug'at maqsadi va mo'ljaliga ko'ra ikkiga bo'linadi:

1) umumiy lug'at;

2) maxsus lug'at.

Umumiy lug'at keng o'quvchilar ommasiga, maxsus lug'at esa tor doiradagi kishilar - alohida soha mutaxassisiga mo'ljallangan bo'ladi.

Har ikkala tur lug'at ham o'z o'rnida yana ikkiga bo'linadi:

1) ensiklopedik lug'at;

2) filologik lug'at.

Demak, lug'atni umumiy ensiklopedik lug'at va maxsus ensiklopedik lug'at, umumiy filologik lug'at va maxsus filologik lug'atga bo'lib o'rganish maqsadga muvofiq va qulay. [7.1 B.121]

Lug'atshunoslik tarixidan. Barcha turkiy xalqlar kabi o'zbek xalqining ham lug'atshunoslik bilan bog'liq tarixining dastlabki bosqichi Mahmud Koshg'ariyning «Devonu lug'otit turk» asari bilan bog'lanadi. Uning to'liq ism-sharifi Mahmud Ibn-ul Husayn Ibn Muhammad-al-Koshg'ariy bo'lib (tavallud sanasi aniq emas), «Devonu lug'otit turk» asari hijriy 469, milodiy 1076-1077-yil yozilgan. Asarning yagona qoʻlyozma nusxasi 1914-yilda Turkiyaning Diyorbakir shahridan topilgan va u hozirgacha Istambulda saqlanadi. Bundan tashqari alloma tomonidan turkiy tillar sintaksisiga doir «Javohirun nahv fil lugʻotit turk» asari yaratilganligi haqida ham maʼlumotlar mavjud. Biroq bu asar bizgacha yetib kelmagan.

«Devonu lugʻotit turk», dastlab, 1915-1917 yillarda uch tomlik kitob holida Istambulda, keyinchalik, yaʼni 1928-yilda esa sharqshunos Brokkelman tomonidan nemis tiliga tarjima qilinib Leipzigda nashr qilingan. «Devonu lugʻotit turk» asari 1960-1963 yillarda taniqli sharqshunos olim Solih Mutallibov tomonidan oʻzbek tiliga tarjima qilinib, Toshkentda nashr etilgan. «Devonu lugʻotit turk» asari faqat leksikografik tadqiqot boʻlib qolmay, unda qadimgi turkiylar tilining fonetik-fonologik, leksik-semantik, lingvogeografik, dialektologik xususiyatlari haqida ham qimmatli maʼlumotlar mavjud. Shu bois Mahmud Koshgʻariy turkiyshunoslikning sanab oʻtilgan sohalarining asoschisi sanaladi.

Zamahshariy hijriy 467, milodiy 1045-yilning 19- martida Xorazmning Zamahshar qishlogʻida tavallud topgan. Abulqosim Mahmud Zamahshariy taxallusi bilan arab tilida tilshunoslik, adabiyotshunoslik, geografiya, hadis va diniy huquq kabi fanlarga doir ellikdan ortiq asar yaratib qoldirgan. Ayniqsa, uning «Al-mufassal fi sa'at al-a'rob», «Fleksiya san'ati haqida mufassal kitob» ma'nosini bildirib, bu asar (1121-yil Makka shahrida yozilgan) arab tilining grammatikasini o'rganishda muhim qo'llanma sifatida sharq va g'arbda mashhur bo'lgan.

Alisher Navoiyning «Muhokamatul lug'atayn» asari 1499-yilda yaratilgan bo'lib, bu asar eski o'zbek tilini qarindosh bo'lmagan til – fors-tojik tili bilan chog'ishtirib o'rganishga doir dastlabki leksikografik tadqiqotlardan biri ekanligi bilan qimmatlidir. Adabiyot osmonida Navoiydek yorug'yulduz paydo bo'lgach, uning asarlari asosida ham ko'plab lug'atlar yaratila boshlandi. Jumladan, «Badoi al-lug'at», «Sangloh», «Abushqa» kabi o'nlab lug'atlarning yaratilishi shular jumlasidandir.

O'zbek tilshunosligining zamonaviy bosqichida esa G'.Abdurahmonov, Z.Ma'rufov, O.Usmonov, Sh.Shukurov, A.Hojiyev, R.Qo'ng'urov, Sh.Shoabdurahmonov, S.Mutallibov, Sh.Rahmatullayev, V.Rahmonov, A.Madaliyev, N.Mamatov, S.Ibrohimov kabi olimlar lug'atshunoslikning rivojlanishida o'zlarining munosib hissalarini qo'shib kelmoqdalar.

Savol va topshiriqlar

1. Mustaqillik davrida o'zbek lug'atchiligiga qanday e'tibor berilgan?

2. Lug'atlarning o'zrao munosabatlarini tushuntiring?

3. Filologik lug'atlarning maqsadi va vazifasi nimalardan iborat?

4. Lug'atlarning milliy madaniyatini shakllantirishni ahamiyati haqida so'zlang.

5. Lug'atlarning qanday turlari mavjud?

6. Leksikografiyaning vazifa doirasiga nimalar kiradi?

7. Lug'atlar ko'zlangan maqsadga ko'ra qanday tiplarga bo'linadi?

8. Ensiklopedik va lisoniy lug'atlar qanday farqlanadi?

9. Umumiy va xususiy (maxsus) lug'atlar qanday farqlanadi?

10. Lug'atlarning yana qanday turlarini bilasiz?

11. Lug'atda maqolalarning tashqi tartib asosida joylashtirilishida nimalar hisobga olinadi?

12. Lug'atda maqolalarning ichki tartib asosida joylashtirilishida nimalar hisobga olinadi?

13. XX asrning 30-40-yillarida bir tilli va ikki tilli terminologik lug'atlarning yaratilishiga ko'proq e'tibor berilganligini qanday izohlaysiz?

14. XX asrning ikkinchi yarmida yaratilgan lug'atlarning turlari, obyekti haqida ma'lumot bering.

10-mavzu Lug'at va uning turlari

REJA:

1. Lug'at turlari

2. Ensiklopedik va lingvistik lug'atlar haqida ma'lumot

3. Maxsus lug'at turlari

Tayanch iboralar: terminologik, ensiklopedik, qomusiy, lisoniy, antroponomik, internatsional, etimologik.

Lug'atlar ko'zlangan maqsadga ko'ra dastlab ikki tipga bo'linadi:

1. Ensiklopedik (qomusiy) lug'atlar.

2. Lisoniy (lingvistik) lug'atlar.

1. **Ensiklopedik lug'at**larda tabiat va jamiyatdagi narsa-hodisalar, tarixiy voqea-jarayonlar, buyuk shaxslar, ilm-fandagi kashfiyotlar, davlatlar, shaharlar haqida ma'lumot beriladi. Demak, bu tipdagi lug'atlarda asosiy e'tibor tildagi so'zlarga emas, balki shu so'zlar yoki so'z birikmalari vositasida nomlangan hodisalarga qaratiladi. Ensiklopedik lug'atlar o'z navbatida ikki turga bo'linadi.

Universal ensiklopediyalar. Bunday lug'atlarda ishlab chiqarishning, fan, adabiyot, tabiat, jamiyat va hokazolarning barchasiga oid muhim tushunchalar, predmetlar, hodisalar va shu sohalarda tanilgan buyuk shaxslar (olimlar, ixtirochilar, yozuvchilar, shoirlar, davlat arboblari, qahramonlar, san'atkorlar) haqida ma'lumot beriladi. "O'zbek... ensiklopediyasi" (14-jildlik, 1971 — 1980), shu kunlarda yaratilayotgan "O'zbek milliy ensiklopediyasi" (uning bir necha jildi nashrdan chiqdi) bunga misol bo'ladi.

Soha ensiklopediyalari. Bunday ensiklopediyalarda faqat bir sohaga oid materiallar beriladi: "Zoologiya ensiklopediyasi" (3 jildlik. Tesha Zohidov, 1960—1969), Botanikadan ruscha-o'zbekcha ensiklopedik lug'at (Q.Z.Zokirov, H.A.Jamolxonov, 1973) shularjumlasidandir.

2. **Lisoniy lug'at**larda so'z ma'nolari, imlosi, talaffuzi, iboralar (frazemalar), xalq maqollari, xullas, til birliklari va filologik tushunchalarga oid ma'lumotlar beriladi. Demak, lisoniy lug'atlarda til va nutq birliklari, til kategoriyalari haqida ma'lumot berish, maqol va matal kabi janr boyliklarini to'plash maqsad qilinadi. Lisoniy lug'atlar ham dastlab ikki turga — umumiy va xususiy (maxsus) lug'atlarga bo'linadi. Umumiy lug'atlarda umumtil birliklari, ularning ma'nolari va qo'llanish xususiyatlari izohlanadi. Bunday lug'atlar bir tilli, ikki tilli, ko'p tilli, izohli, izohsiz bo'lishi mumkin. "O'zbek tilining izohli lug'ati" (ikki tomli, 1981), "O'zbekcha-ruscha lug'at" (1959), "Ruscha-o'zbekcha lug'at" (besh tomli, 1950—1955) va boshqalar shular jumlasidandir. Xususiy (maxsus) lug'atlarda tilning lug'at boyligidagi birliklar ma'lum sohalar bo'yicha yoki shu tildagi ma'lum mikrosistemalar, guruhlar bo'yicha tanlab izohlanadi. "Ruscha-o'zbekcha fizik terminlar lug'ati" (M.D.Yagudev, R.X.Mallin, 1952), "Ruscha-o'zbekcha matematik terminlar lug'ati" (M.Sobirov, 1952), "O'zbek tili sinonimlarining izohli lug'ati" (A.Hojiyev, 1974), "Tilshunoslik terminlarining izohli lug'ati" (A.Hojiyev, 2002), "O'zbek tilining izohli frazeologik lug'ati" (Sh.Rahmatullayev, 1978), "Imlo lug'ati" (Olim

Usmon, 1949), "O'zbek tilining imlo lug'ati" (S.Ibrohimov, E.Begmatov, A.A.Ahmedov, 1976), "O'zbek ismlari" (E.Begmatov, 1991), "O'zbek tili omonimlarining izohli lug'ati" (Sh.Rahmatullayev, 1984), "O'zbek tili antonimlarining izohli lug'ati" (Sh.Rahmatullaev, N.Mamatov, R.Shukurov, 1980), "Ruscha-o'zbekcha botanika terminlarining qisqacha izohli lug'ati" (Q.Zokirov, M.M.Nabiyev, O'.Pratov, H.Jamolxonov, 1963) va boshqalar shular jumlasidandir. Keyingi yillarda o'zbek tilida yana bir qator yangi lug'atlar yuzaga keldi: "Yozuv tarixidan qisqacha lug'at-ma'lumotnoma" (N.Mahmudov,1990), "O'zbek ismlari" (E.Begmatov, 1991), "O'zbek tilining etimologik lug'ati" (Sh.Rahmatullayev, 2000), "O'zbek tilining imlo lug'ati" (Sh.Rahmatullayev, A. Hojiyev, 1995), "O'zbek tili tasviriy ifodalarining izohli lug'ati" (R.Rasulov, I.Umirov, 1997), Hozirgi o'zbek tili faol so'zlarining izohli lug'ati (A.Hojiyev, A.Nurmonov, S.Zaynobiddinov, K.Kokren, M.Saidxonov, A.Sobirov, D.Quronov, 2001), "Turkcha- o'zbekcha, o'zbekcha-turkcha lug'at" (Nizomiddin Mahmud, Ertug'ul Yaman, 1993) shular jumlasidandir.

Maxsus lug'atlar biror soha yoki ma'lum bir qatlamga oid so'zlar bilan cheklangan bo'ladi. Bu cheklanish ularning nomlanishida ham o'z aksini topadi. Masalan: «O'zbek tili morfem lug'ati»

(T.,1977.), «O'zbek tili sinonimlarining izohli lug'ati» (T., 1974.), «O'zbek tili omonimlarining izohli lug'ati» (T.,1984.), «O'zbek tili antonimlarining izohli lug'ati» (T.,1980.), «Siyosiy terminlarning izohli lug'ati», «O'zbek tilining izohli frazeologik lug'ati» shular jumlasidandir.[1.5.B.122-123]

Ularning quyidagi turlari bor:

a) **terminologik lug'atlar**: "Ruscha-o'zbekcha fizik terminlar lug'ati" (M.D.Yagudaev, R.X.Mallin, 1952). "Ruscha-o'zbekcha matematik terminlar lug'ati" (M.Sobirov, 1952), "Pedagogikadan qisqacha ruscha- o'zbekcha terminologiya lug'ati" (Sh.Boyburova, N.Takanaev, 1963), "Qisqacha ruscha-o'zbekcha iqtisodiy terminlar lug'ati" (O.Aminov, J.Do'stmuhamedov, A.Usmonov, 1971), "Turkiy tillarda qavm-qarindoshlik terminlari" (l.lsmoilov, 1966) va h.k;

b) **frazeologik lug'atlar**: "O'zbek tilining qisqacha frazeologik lug'ati" (Sh.Rahmatullayev, 1964); "O'zbek tilining izohli frazeologik lug'ati" (Sh.Rahmatullayev, 1978); "Ruscha-o'zbekcha frazeologik lug'at" (M.Sodiqova, 1972); "Фразеологический словарь "Хазойн-ул Маоний" Алишера Наваи" (E.A.Umarov, 1971);

d) **orfografik lug'atlar**: "O'zbek adabiy tilining

orfografik lug'ati" (S.lbrohimov, M.Rahmonov, 1940), "Imlo lug'ati" (Olim Usmon, 1941, 1949); "O'zbek adabiy tilining imlo lug'ati" (S.lbrohimov, M.Rahmonov, 1956), "O'zbek tilining qisqacha imlo lug'ati" (F.Kamolov, Z.Ma'rufov tahriri ostida. 1962), "Imlo lug'ati" (Y.Abdullayev, M.Omilxonova,S.Zufarova, 1970—1987), "O'zbek tilining imlo lug'ati" (S.I.Ibrohimov, E.A.Begmatov, A.A.Ahmedov. (1976); "O'zbek tilining imlo lug'ati" (Sh.Rahmatullayev, A.Hojiyev, 1995);

e) **orfoepik lug'atlar**: "Talaffuz madaniyati" (O'.Usmonova, 1976). Ushbu risolaning 29—58-betlarida ayrim so'zlar talaffuzi (lug'ati) berilgan:

f) **antroponimik lug'atlar**: "O'zbek ismlari imlosi" (E.A.Begmatov. 1972); "O'zbek ismlari" (E.A.Begmatov. 1991);

g) **toponimik lug'atlar**: "Geografik nomlar ma'nosini bilasizmi?" (S.Qorayev, 1970);

h) **sinonimlar lug'ati**: "O'zbek tili smonimlarining qisqacha lug'ati" (A.Hojiyev, 1963), "O'zbek tili sinonimlarining izohli lug'ati" (A.Hojiyev, 1974);

i) **chastota lug'ati**: "Словарь наиболее употребительных слов современного узбекского литературного языка" (I.A.Kissen,

1972). Bu tipdagi lug'atlarda o'zbek tilidagi so'zlarning faollik darajasi ko'rsatiladi;

j) **dialektologik lug'atlar**: "Xorazm shevalari", 1-kitob, (F. Abdullayev, 1961), "O'zbek shevalari leksikasi" (kollektiv, 1966). Bu kitoblarda dialektologik tadqiqotlar natijasi bilan birga, sheva so'zlarining lug'atlari ham berilgan;

k) **tarixiy lug'atlar**: "O'zbek klassik adabiyoti asarlari uchun qisqacha lug'at" (P.Shamsiyev, S.Ibrohimov, 1953), "Navoiy asarlari lug'ati" (P.Shamsiyev, S.Ibrohimov, 1972), "Alisher Navoiy asarlari tilining izohli lug'ati", 4 tomlik. O'zbekiston Fanlar akademiyasi muxbir a'zosi (hozir- akademik) E.I.Fozilov tahriri ostida. - T., 1983 (1 —II tomlar), 1984 (III tom), 1985 (IV tom); "Zahiriddin Muhammad Bobur asarlari uchun qisqacha lug'at" (X.Nazarova, 1972), "Древнетюркский словарь" (kollektiv, 1969);

l) **internatsional so'zlar lug'ati** "Internatsional so'zlar lug'ati". (O.Usmon, 1959). "Ruscha-internatsional so'zlar izohli lug'ati" (Olim Usmon, Renat Doniyorov, 1965);

m) **teskari lug'at**: "O'zbek tilining chappa lug'ati" (R.Qo'ng'irov,A.Tixonov, 1968). Bu tipdagi lug'atlarda so'zlar tartibi so'z boshidagi birinchi harf asosida emas, balki so'z oxiridagi harflaming alfavitdagi tartibi asosida joylashtiriladi. "Chappa lug'at" bir xil tovush yoki bir xil bo'g'in bilan tugagan qofiyadosh so'zlarni topishda juda qulay praktik qo'llanma hisoblanadi;

n) **etimologik lug'atlar**: "Этимологический словарь тюркских языков" (E.V.Sevortyan, 1974). Bu tipdagi lug'atlarda so'zlarning kelib chiqishi ilmiy asosda yoritiladi; "O'zbek tilining qisqa etimologik lug'ati" (Sh.Rahmatullayev, M.Mirtojiyev, M.Qodirov, 1997); "O'zbek tilining etimologik lug'ati" (Sh.Rahmatullayev, 2000);

o) **maqol va matallar lug'ati**: "O'zbek xalq maqollari" (To'plovchi va tuzuvchilar: Mansur Afzalov, Saidahmad Xudoyberganov, Malik Rahmonov, Sobiijon Ibrohimov, Husayn Shams va Rustam Komilovlar, 1958, 1965); "Keng uyning kelinchagi" (Sh.Shomaqsudov, S.Dolimov, 1961).

Tanlangan tillar miqdoriga ko'ra lug'atlar bir tilli, ikki tilli va ko'p tilli bo'ladi: "Adabiyotshunoslik terminlari lug'ati" (H.Homidiy, Sh.Abdullayeva, S.Ibrohimova, 1967) bir tilli; "Ruscha-o'zbekcha va o'zbekcha-ruscha geografiya terminlari lug'ati" (H.H.Hasanov, 1964), "Adabiyotshunoslikdan qisqacha ruscha-o'zbekcha terminologik lug'at" (N.T.Hotamov, 1969), "Ruscha-o'zbekcha botanika terminlarining qisqacha izohli lug'ati" (Q.Z.Zokirov, M.N.Nabiyev, O'.Pratov, H.A.Jamolxonov, 1963), "Ruscha-o'zbekcha lug'at" (V.V.Reshetovning umumiy rahbarligida, 1972) kabilar ikki tilli; "Lotincha-o'zbekcha-ruscha normal anatomiya lug'ati" (A.A.Asqarov, H.Z.Zohidov, 1964). "Botanikadan ruscha-o'zbekcha ensikopedik lug'at"ga (Q.Z.Zokirov, H.A.Jamolxonov) ilova qilingan "Botanik nom va terminlarning o'zbekcha-ruscha-lotincha so'zligi" (201 — 254- betlar) hamda "Botanik nom va terminlarning lotincha-ruscha- o'zbekcha so'zligi" (255-294- betlar), "Zoologiya ensiklopediyasi"ga (T.Z.Zohidov) ilova qilingan "Sutemizuvchiiaming o'zbekcha-lotincha- ruscha nomlari" (1960, 210—228-betlar) hamda "Suvda va quruqlikda yashovchilar va sudralib yuruvchilaming o'zbekcha-lotincha-ruscha nomlari" (1969, 195-226- betlar) esa ko'p tilli lug'atlardir. Ikki tilli va ko'p tilli lug'atlardan asosan taijimachilikda foydalaniladi. Shu sababli ular tarjima lug'atlari deb ham yuritiladi.

So'z yoki atama ma'nolarining yoritilishiga ko'ra lug'atlar izohli va izohsiz turlarga bo'linadi: so'z yoki terminlarning imlosini, tushunchalaming ruscha-o'zbekcha yoki o'zbekcha-ruscha nomlarini berish bilan cheklangan lug'atlar izohsiz lug'atlar deb, shunday so'z yoki terminlarning ma'nolariga izoh beradigan lug'atlar izohli lug'atlar deb ataladi. Chunonchi: "O'zbek tilining qisqacha imlo lug'ati" (F.Kamolov va Z.Ma'rufov tahriri ostida, 1962), "O'zbek tilining chappa lug'ati" (R.Qo'ng'irov, A.Tixonov, 1968) kabilar izohsiz lug'atlar, "O'zbek tili sinonimlarining izohli lug'ati" (Azim Hojiyev, 1974), "O'zbekcha-ruscha lug'at" (Bosh muharrir — prof.A.K.Borovkov, 1959), "O'zbek tilining izohli lug'ati", ikki tomli (1981) kabilar izohli lug'atlardir.

Savol va topshiriqlar

1. Maxsus lu'atlarning qanday turlari mavjud? Ularni sanab bering.

2. Lug'atlar ko'zlangan maqsadga ko'ra qaysi turlarga bo'linadi?

3. Lisoniy lug'at tuzishda so'zlarning qanday xususiyatlariga e'tibor berish kerak?

4. Ensiklopedik lug'atlar qaysi turlarga bo'linadi?

5. Universal va soha ensiklopediyalarini bir-biridan farqi nimada? Misollar orqali tushuntiring.

6. Tanlangan tillar miqdoriga ko'ra lug'atlar qanday turlarga bo'linadi?

7. Qaysi tipdagi lug'atlarda o'zbek tilidagi so'zlarning faollik darajasi ko'rsatiladi?

8. Imloviy so'zlar jamlangan lug'at nima deb ataladi?

GLOSSARIY

Agglyutinativ – so'z yasalishi va shakl yasalishi agglyutinatsiya yo'li bilan bo'ladigan tillar. Masalan, turkiy tillar, fin-ugor tillari.

Arabcha o'zlashmalar – arab tilidan o'zlashtirilgan so'zlar.

Argon - yasama til. Biror ijtimoiy guruhx, toifaning (masalan, talabalar, sportchilar, o'g'rilar va b.) O'ziga xos, boshqalar tushunmaydigan lug'aviy birliklardan «iborat yasama tili.

Atash semalari – leksemaning leksik ma'nosidagi ideografik semalar (atash, nomlash ma'nosini shakllantiruvchi semalar).

Dialektal – tilning dialect va shevalariga xos - fonetik yoki ma'no jihatdan adabiy tildan farq qiladigan so'zlar.

Etimologiya – tilshunoslikning so'z va morfemalarning kelib chiqishini o'rganuvchi bo'limi.

Flektiv – fleksiya xususiyatiga ega bo'lgan; fleksiyaga oid. Flektiv tillar - Morfologiyada, ba'zan so'z yasalishida fleksiya hodisasi ustunlik qiladigan tillar.

Fors-tojik so'zlari – fors-tojik tillaridan o'zlashtirilgan so'zlar.

Frazeologiya – (yun. phrasis – ibora + logos – bilim, tushuncha). Tilshunoslikning muayyan tilgagina xos bo'lgan frazeologizm (frazema)larni o'rganadigan sohasi.

Frazema - ekspressivlikning darajalanishini birgina frazemaning turli o'zgarishlar bilan qo'llanishida ham ko'rish mumkin.

Frazeologik butunlik - ma'nosi tarkibidagi so'zlarning ma'nolari asosida izohlash mumkin bo'lgan frazeologik birliklar.

Frazeologik omonimiya – frazeologik birliklar o'ztasidagi omonimiya.

Frazeologik sinonimiya – frazeologik birliklar o'rtasidagi sinonimiya.

Frazeologik chatishma – ma'nosi tarkibidagi so'zlarning ma'nosidan kelib chiqmaydigan, hatto unga zid ma'no ifodalaydigan frazeologik birliklar.

Ifoda semalari – semema tarkibidagi uslubiy ma'no qirralari.

Jargon – biror guruh vakillarining o'z nutqi bilan ko'pchilikdan ajralib turish maqsadida, o'zicha mazmun berib ishlatadigan so'z va iboralar.

Leksema – [yun. lexis – ibora, nutq o'rami] Tilshunoslikda: shakl va ma'no jihatidan bir butun holda tekshiriladigan mustaqil ma'noli so'z; til qurilishining leksik ma'no anglatuvchi birligi.

Leksik sath - til ierarxiyasining lug'at boyligidan iborat yuqori pog'onasi: so'zlar, iboralar, ularning turli qatlamlari.

Leksikologiyaning obyekti – tilning lug'at boyligi, leksik tizimi.

Lug'aviy birliklar – so'z va iboralar (leksema va frazemalar).

Lisoniy omillar (lingvistik faktorlar) – tilning strukturaviy va sistemaviy xususiyatlaridan kelib chiqadigan omillar.

Leksik qo'llash – leksemaning okkazional (nutqiy) ma'noda qo'llanishi.

Monosemiya – bir ma'nolilik.

Nolisoniy omillar (ekstralingvistik faktorlar) – til taraqqiyotiga (shu jumladan, leksik tizim rivojiga) tashqaridan ta'sir o'tkazuvchi omillar:

ijtimoiy-siyosiy tizim, psixologiya, urf-odatlar, ilmiy-texnikaviy taraqqiyot, adabiyot-san'at va boshqalar.

Okkazional ma'no – leksemaning tildagi ma'nosiga xos bo'lmagan, ayrim shaxsning leksik qo'llashi natijasida yuzaga keltirilgan sun'iy ma'nosi.

Onomasiologiya – leksik birliklarni nomlash va tushuncha anglatish prinsiplari hamda qonuniyatlari haqida ma'lumot beruvchi soha.

Paradigma – [yun. paradeigma – misol, namuna] - tlsh. – 1. Til birliklari, grammatik shakllarning umumiy ma'nosiga ko'ra birlashuvchi, xususiy ma'nosiga ko'ra farqlanuvchi tizimi. 2. Biror so'zning turlanish yoki tuslanish shakllari tizimi.

Polisemiya - ko'p ma'nolilik.

Progressiv – (lot. progressio – oldinga qarab harakatlanish). Oldingi tovush ta'sirida keyingi tovushning o'zgarib, u bilan o'xshashlik kasb etishi.

Regressiv – (lot. regressio – orqaga qarab harakatlanish). keying tovush ta'siri bilan oldingi tovush o'zgarib, u bilan o'xshashlik kasb etishi.

Ruscha-baynalmilal o'zlashmalar – rus tilidan

va u orqali boshqa tillardan o'zlashtirilgan so'z va terminlar.

Sema – leksik ma'no (semema)ni tashkil toptiruvchi komponent va ma'no qirralari.

Semantik – (fran. Semantique < yun.semanticos – ifodalovchi). Til birliklarining mazmun, ma'no tomoni.

Semasiologiya – leksik birliklarning semantik tarkibi va u bilan bog'liq masalalarni o'rganuvchi soha.

Sintagmatik – [yun. syntagma – tizim, saf; qo'shilgan biror narsa] - tlsh. Bir yoki bir necha so'zdan iborat sintaktik, intonatsion-mazmuniy nutq birligi.

Sof o'zbekcha so'zlar - o'zbek tilining o'zida yasalgan (nisbatan yangi) leksemalar.

Tavsifiy leksikologiya – ayrim olingan bir tilning lug'at boyligini shu til leksikasining avvalgi taraqqiyoti bilan bog'lamay o'rganadigan leksikologiya.

Tarixiy leksikologiya – ayrim olingan bir tilning lug'at boyligini tarixiy taraqqiyot jarayoni bilan bog'lab o'rganadigan leksikologiya.

Terminologik – atama (termin)lardan iborat leksika

Umumiy leksikologiya – tilshunoslikning turli tillar materiali tahlili asosida leksikologiyaning umumnazariy masalalari bilan shuIullanuvchi b´limi.

Umumturkiy so'zlar - o'zbek tili lug'at boyligidagi eng qadimgi lug'aviy birliklar.

Uzual ma'no – leksemaning semantik tarkibida bor bo'lgan leksik ma'no.

Vazifa semalari – atash, ifodalash bilan birga leksemalarning nutqda o'zaro birika olishini (valentligini) belgilaydigan semalar.

Xususiy leksikologiya – leksikologiyaning muayyan bir til lug'at boyligi haqida ma'lumot beruvchi turi.

O'z qatlam - o'zbek tili leksikasining umumturkiy va sof o'zbekcha so'zlardan iborat qismi.

O'zlashgan qatlam – boshqa tillardan olingan leksik o'zlashmalar qatlami.

FOYDALANILGAN ADABIYOTLAR RO'YXATI

ASOSIY ADABIYOTLAR:

1. Sayfullayeva R. Mengliyev B. Boqiyeva G. Qurbonova M. Yunusova Z. Abuazalova M. Hozirgi o'zbek adabiy tili. – T.: "Fan va texnologiya", 2009.

2. Sayfullayeva R., Mengliyev B., Boqiyeva va b. Hozirgi o'zbek tili. O'quv qo'llanma. – T., 2009.

3. Jamolxonov H. Hozirgi o'zbek adabiy tili. – T.: "Talqin", 2005.

4. Hojiyev A., Ahmedov A. O'zbek tili leksikologiyasi. -T.: "Fan", 1981.

5. Jamolxonov H. Hozirgi o'zbek tili. Darslik.

6. Mengliyev B. Hozirgi o'zbek adabiy tili. O'quv qo'llanma. - Qarshi, 2004.

7. Sayfullayev R., Mengliyev B. Hozirgi o'zbek adabiy tili. Darslik. – Toshkent-2010.

Qo'shimcha adabiyotlar:

8. Nurmonov A., Rasulov R. O'zbek tili jadvallarida, T., O'qituvchi, 1993.

9. Shoabdurahmonov Sh. Asqarova M. va b. Hozirgi o'zbek tili. T., "O'qituvchi", 1980.

10. G'ulomov A., Asqarova M. Hozirgi o'zbek tili. T., "O'qituvchi", 1989

11. Shoabdurahmonov Sh. Asqarova M. va b. Hozirgi o'zbek tili. T., "O'qituvchi", 1980.

12. Mirtojiyev M. O'zbek tili leksikologiyasi va leksikografiyasi. -Toshkent – 2000

Internet saytlari:

13. www.literature.uz

14. www.library.ziyonet.uz

15. www.ziyonet.uz

16. https://optolov.ru/uz/interer-i-obustrojjstvo/istoricheskie-slova-i-ih-znachenie-ustarevshie-slova-istorizmy-i.html

17. https://fayllar.org/leksemaning-semantik-tarkibi-leksemaning-uzual-va-okkazional-m.html

18. https://elib.buxdu.uz/index.php/pages/referatlar-mustaqil-ish-kurs-ishi/item/13794-o-zbek-tili-leksikasining-ishlatilish-doirasi

www.ingramcontent.com/pod-product-compliance
Lightning Source LLC
LaVergne TN
LVHW020441070526
838199LV00063B/4809